무릎 꿇는 그리스도인

무릎 꿇는 그리스도인

무명의 그리스도인(앨버트 리처드슨) 지음
배응준 옮김

규장

이 책의 저자인
'무명의 그리스도인'이란 누구인가?

이 책은 80년이 넘는 세월 동안 수많은 사람들을 격려하고 자극하고 고무하여 더 깊은 기도생활을 하도록 이끌었다. 오직 영원만이, 이 책으로 인하여 하나님의 보좌에 피어 오른 열정적이고 강렬한 기도가 낳은 이적과 구원의 역사를 밝힐 수 있을 것이다. 그리고 수많은 영혼들이 자신을 '무명의 그리스도인'이라고만 밝힌 이 책의 저자에게 고마움을 표하는 데에도 영원의 시간이 걸릴 것이다.

이 책의 독자들이 '무명의 그리스도인'에 대해 알고 있는 것이라고는 이 책 자체로부터 판단할 수 있는 게 전부였다. 그는 '무명의 그리스도인'이라는 필명(筆名)을 사용한 것으로 보아 무척이나 겸손한 사람이었을 것이다. 그는 아마 50대 나이의 경건한 사람이었을 것이다. 왜냐하면 이 책에서 그가 30년 전의 어떤 일에 대해 이야기하는데, 그때 일어났던 일로 보아 그가 당시에 적어도 20대의 나이였을 것이라고 암시되기 때문이다.

그는 성경구절을 폭넓게 인용하고 있는 것으로 미루어 성경에 정통한 사람이었을 것이다. 또한 그는 어떤 유형의 사역에 종사하고 있었으며, 기도생활로 동료들에게 잘 알려져 있었을 것이다. 왜냐하면 이 책이 다른 사람들의 요청에 의해 기록되었다고 프롤로그에서 밝히고 있기 때문이다. 그러나 그는 이 사실을 자랑하지 않았다. 오히려 바울처럼 무척 망설였다고 고백했다.

주위 사람들이 그에게 책을 쓰라고 요청했다는 사실은, 그가 다른 책도 저술한 적이 있음을 암시한다. 그는 기도에 대해 그리고 기도하는 사람들에 대해 배우는 사람이었다. 왜냐하면 기도에 대한 그의 지식이 이 책에 명확히 반영되어 있으며, 그가 열정적으로 능력 있는 기도를 드리는 사람들과 그들이 얻은 결과에 대해 많은 이야기를 하고 있기 때문이다. 다른 몇 가지 정보도 본문에서 수집할 수 있겠지만 독자들이 저자에 대해 그 이상 알아내기란 어렵다.

그런데 최근에 인터넷에 올라온 영국국립도서관의 통합도서목록은 이 책의 저자 '무명의 그리스도인'의 본명이 앨버트 리처드슨(Albert Richardson)이라고 밝혔다. 이 목록은 《승리하는 삶을 사는 방법》의 저자, 즉 앨버트 리처드슨이 《무릎 꿇는 그리스도인》을 저술함"이라고 기록하면서 이 책의 초판이 1924년에 나왔다고 보고하고 있다.

앨버트 리처드슨은 영국의 목회자요 선교사였다. 영국의 버밍엄 대학의 정보 서비스는 'MUNDUS'(www.mundus.ac.uk, 이곳에서 영국 선교사들에 관한 모든 정보를 볼 수 있다)라는 웹사이트에서 그가 1868년 즈음에 출생했다고 보고하고 있는데, 언제 세상을 떠났는지에 대해서는 정보를 제공하고 있지 않다.

그러나 저술가들의 주요 정보를 싣는 다른 웹사이트는, 그가 1868년 8월 18일에 출생하였고 1951년 12월 23일에 세상을 떠났다고 보고하고 있다. 또한 이 사이트는 그의 죽음을 기록하면서 그가 곧 '무명의 그리스도인'이라고 밝히고 있다.

"앨버트 리처드슨(필명: 무명의 그리스도인), 1951년 사망."

앨버트 리처드슨은 옥스퍼드 고등학교와 런던 전문대학과 옥스퍼드 대학에서 공부를 하였다. 그는 1894년에 문학사 학위를 받았고, 1897년에 문학석사 학위를 받았으며, 1901년에는 신학 학사 학위를 받았다.

1885년, 그는 '교회선교회'(Church Missionary Society)에 선교사로 봉사하고 싶다고 지원했으나 거절당했다. 그는 1896년에 집사 안수를 받았고, 그 이듬해에는 목회자 안수를 받았다. 그리고 그 후 1896년에서 1898년까지 영국 입스위치에 있는 성 클레멘트 교회의 목회자로 봉직하였다.

1898년, 그는 다시 교회선교회에 선교사로 자원하여 수락되었다. 그는 나이지리아의 라고스에 파송되었다가 교회선교회의 서아프리카 담당 감독

허버트 투그웰(Herbert Tugwell)이 이끄는 '하우사란드 선교'의 개척 팀 일원이 되어 리비아의 트리폴리까지 여행하였다. 그는 1900년에 본국으로 돌아갔다.

1902년, 그는 또다시 교회선교회에 선교사 봉사를 신청하였고 이번에도 역시 받아들여졌다. 그리하여 그는 1903년에 인도의 봄베이로 파송되었고, 1905년에 건강상의 이유로 선교사 직위를 사임할 때까지 그곳에서 사역하였다.

그는 '무명의 그리스도인'이라는 필명으로 다수의 저작을 저술하였을 뿐 아니라 본명으로 《하우사란드와 복음》(Hausaland and the Gospel)이라는 책을 쓰기도 했다. 그 책은 1901년에 교회선교회에 의해 출판되었다.

그의 생애나 사역에 대해 더 이상의 정보는 기록되어 있지 않다. 그러나 영국국립도서관의 통합도서목록은 1921년에 출판된 《승리하는 삶을 사는 방법》을 시작으로 하여 '무명의 그리스도인'이라는 필명으로 출판된 책들이 모두 10권이 넘으며, 그가 마지막으로 저술한 책은 1937년에 출판되었다고 보고하고 있다.

기도는 하늘 보물창고의
문을 여는 열쇠이다

중국을 여행하고 있던 한 여행자가 이교(異教) 신당을 방문하였다. 마침 신당에서는 큰 잔치가 열리고 있었고, 많은 사람들이 신당에 모여 흉측하게 생긴 우상에게 절을 하고 있었다. 여행자는 신당에 있는 대부분의 사람들이 기도문이 적힌 종잇조각을 들고 있는 것을 보았다. 그런데 그들은 기도문이 적힌 종잇조각을 걸쭉한 진흙 속에 넣은 다음, 그것을 작은 공 모양으로 빚어 우상을 향해 냅다 던지는 것이 아닌가? 여행자는 이 요상한 행위의 의미를 옆에 있는 사람에게 물었다. 그러자 그는 작은 진흙 공이 우상의 몸에 철썩 붙으면 기도가 확실히 응답되는 것이고, 진흙 공이 바닥에 떨어지면 우상이 기도를 거부하는 것이라고 말했다.

아마 우리는 이처럼 기이한 방식으로 기도 응답의 여부를 시험하는 사람들을 비웃을 것이다. 그렇지만 기도가 하나님의 보물창고의 문을 여는 열쇠임에도 불구하고, 대다수의 그리스도인이 능력 있는 기도에 대해서 알지 못한다는 것이 현실이 아닌가?

영적 삶의 모든 실제적인 성장, 곧 유혹에 대한 승리와 곤경, 위험에 직면했을 때의 확신과 평화, 엄청나게 실망했거나 많은 것을 잃었을 때의 영혼의 평온함, 하나님과의 습관적인 의사소통은 은밀한 기도생활의 실천에 달려 있음이 확실하다.

　이 책은 주위 사람들의 요청에 의해 저술되었다. 그러나 나는 그런 요청을 받고 무척이나 망설였다. 이 책은 많은 기도의 산물(產物)이다. "항상 기도하고 낙망하지 말라"(눅 18:1)라고 말씀하신 분께서 우리에게도 기도를 가르쳐주시기를(눅 11:1) 간절히 소망한다.

차례 contents

3부
감사의 영광
Give Thanks

지금까지는 너희가 내 이름으로
아무것도 구하지 아니하였으나 구하라
그리하면 받으리니 너희 기쁨이 충만하리라 요 16:24

Until now you have not asked for anything in my name.
Ask and you will receive, and your joy will be complete. John 16:24

1부

기쁨의 부르심

Rejoice

하나님의 위대한 부르심

chapter 01

나는 성도들 개인과 교회를 향한 낭랑한 부르심,
곧 '기도로의 부르심' 이 필요한 때가 도래했다고 믿는다.
당신은 기도가 능력이라는 것을 정말로 믿고 있는가?

이상한 시대

"하나님께서 이상하게 여기셨다!"

이는 실로 주목할 만한 말이다. 열심 있는 모든 그리스도인은 이 말
이 갖는 중대한 의미에 주의를 집중해야 한다. '이상하게 여기시는 하
나님!' 하나님께서 이상하게 여기시는 까닭을 알게 된다면 우리는 깜
짝 놀라지 않을 수 없을 것이다. 그러나 우리는 그 까닭을 별로 중요하
게 생각하지 않는다. 하지만 신중하게 고려해본다면 그 까닭이야말로
주 예수 그리스도 안에 있는 모든 성도에게 가장 중요한 문제라는 사
실을 깨달을 수 있을 것이다. 우리의 영적 번영에 그것보다 더 중대하
고 결정적인 것은 없기 때문이다.

사람이 없음을 보시며 '중재자' 없음을 이상히 여기셨으므로 _사 59:16

하나님께서는 "중재자(중보자) 없음"을 이상히 여기셨다. 그러나 이 것은 오래전, 곧 은혜와 진리가 충만하신(요 1:14) 주 예수 그리스도께서 세상에 오시기 전, 하나님께서 우리의 연약함을 도우시며 우리를 위 하여 친히 간구하시는(롬 8:26) 성령을 부어주시기 전에 있었던 일이다. 그렇다! 이것은 구세주가 기도에 대해 놀라운 약속을 주시기 전, 사람 들이 기도에 대해 많은 것을 알기 전, 다른 사람을 위한 간구보다 자신 의 죄를 위한 희생제사가 더 크게 보이던 시절에 있었던 일이다.

아! 그러나 하나님께서 이 시대를 이상하게 여기시는 것이 틀림없 다. 왜냐하면 우리 가운데 능력 있는 기도가 무엇인지 아는 사람이 거 의 없기 때문이다. 우리 모두는 기도의 능력을 믿는다고 고백하고 있 다. 하지만 우리 중에서 기도의 능력을 믿는 사람이 과연 얼마나 될까?

본격적으로 논의를 진행하기에 앞서 진심으로 당부하고 싶은 것이 있다. 그것은 바로, 이 책에 들어 있는 내용을 성급하게 읽지 말라는 것이다. 이 책에 기록된 내용을 어떤 식으로 받아들이느냐에 따라 실 로 많은 것이 좌우되기 때문이며, 또한 모든 것이 기도에 달려 있기 때 문이다.

모든 실패의 비밀
오늘날 많은 그리스도인이 그렇게 자주 실패하는 까닭은 무엇일까?

기도를 많이 하지 않기 때문이다. 수많은 교회의 일꾼이 그렇게 낙심하고 상심하는 까닭이 무엇일까? 기도를 많이 하지 않기 때문이다.

우리는 열심히 사역을 하는 그리스도인은 흔히 볼 수 있지만, "어두운 데서 불러내어 그의 기이한 빛에 들어가는"(벧전 2:9) 그리스도인은 좀처럼 목격하기 힘들다. 그 까닭은 무엇일까? 기도를 하지 않기 때문이다.

교회가 하나님을 향해 활활 타오르지 못하는 까닭은 무엇일까? 참된 기도가 없기 때문이다.

예수께서는 오늘날에도 이전과 마찬가지로 강력하신 분이다. 주 예수께서는 지금도 역시 이전과 마찬가지로 죄인들이 구원받기를 갈망하고 계신다.

하나님의 팔이 짧아서 죄인들을 구원하시지 못하는 것이 아니라 우리가 기도하지 않기 때문에, 더욱더 진정으로 기도하지 않기 때문에 그분께서 팔을 뻗지 못하시는 것이다.

모든 실패의 비밀은 은밀한 기도를 하지 않는 데에 있다.

하나님께서 이사야의 시대에 이상히 여기셨다면 주님이 육체로 세상에 오셨을 때에도 이상하게 여기셨다는 것에 놀랄 이유는 없을 것이다. 예수께서는 자기 고향 사람들의 믿지 않음을 이상히 여기셨고, 그들의 불신앙으로 인하여 고향 나사렛에서는 아무런 권능도 행하실 수 없었다.

거기서는 아무 권능도 행하실 수 없어 다만 소수의 병인에게 안
수하여 고치실 뿐이었고 저희의 믿지 않음을 이상히 여기셨더라
이에 모든 촌에 두루 다니시며 가르치시더라 _막 6:5,6

가장 높아지는 때

사실 이러한 불신앙의 죄를 범한 사람들은 주님에게서 주님을 흠모
하거나 믿을 만한 아름다움을 발견하지 못한 이들이다. 그러나 우리
는 진정으로 주님을 사랑하고 경배하기를 원한다. 그러므로 하나님께
서 우리 가운데서 "스스로 분발하여 주를 붙잡는 자"(사 64:7)를 찾아보
지 못하실 때에 얼마나 이상히 여기실까? 생활 속에서 기도하지 않는
그리스도인보다 더 이상한 사람은 없을 것이다.

이 시대는 무엇인가를 예고하는 중대한 시대이다. 사실 이 시대가
하나님께서 하나님의 영(간구의 영)을 모든 육체에게 부어주시겠다고 약
속하신(욜 2:28) '말세'라는 증거가 많다. 그러나 자칭 그리스도인이라
공언하는 사람들 대부분이 간구의 의미가 무엇인지 알지 못하고 있
다. 그리고 우리 주변의 많은 교회들이 기도회를 갖지 않을 뿐만 아니
라 때로는 몰염치하게도 그런 모임을 비난하며 심지어는 조롱하기까
지 한다.

영국 교회는 예배와 기도의 중요성을 깨달아, 목회자들에게 매일
아침저녁으로 교회에서 기도문을 낭독하도록 하고 있다. 그러나 그들
이 종종 텅 빈 교회에서 기도문을 읽고 있는 게 현실이 아닌가? 더욱이

기도문 낭송을 급히 해치움으로써 진정한 예배를 불가능하게 만들고 있지는 않은가? 그에 따라 공중기도 역시 필연적으로 막연하고 불명확해지고 있지는 않은가?

구식의 주간(weekly)기도회를 유지하고 있는 교회들은 어떠한가? '주간'(weekly)이라는 표현보다는 '무기력한'(weakly)이라는 표현이 더 적절하지 않을까?

스펄전(C. H. Spurgeon)은 매주 월요일 밤에 적어도 1천2백여 명이 참석하는 기도회를 인도하는 기쁨을 누린 설교자이다.

그리스도인이여! 정녕 기도의 능력을 믿기를 중단한 것인가? 당신이 다니고 있는 교회가 여전히 주간기도회를 유지하고 있다고 해도, 교인 대다수가 한 번도 모습을 드러내지 않는 것이 현실이 아닌가? 아니, 그런 모임에 참석할 생각조차 하지 않는 것이 명백한 사실이 아닌가? 왜 이런 일이 일어나는 것일까? 이것이 누구의 잘못일까?

"오직 기도회밖에 없다!"

사람들은 종종 이렇게 말한다. 우리는 이런 언사(言辭)를 얼마나 자주 들었던가? 그러나 이렇게 말하는 사람 중에 기도회를 진정으로 즐거워하는 사람이 과연 몇 명이나 될까? 기도회는 기쁨인가 아니면 의무인가?

이렇게 많은 질문을 퍼부어대는 나를, 교회의 안타까운 결점과 위태로운 약점을 지적하는 나를 용서하기 바란다. 비판하려는 게 아니다. 정죄하려는 것은 더더욱 아니다. 그런 일은 다른 사람이나 하라고 내버려두겠다.

나의 간절한 열망은, 모든 그리스도인을 분발시켜 전에 없이 하나님을 견고히 붙잡도록 하는 것이다. 나는 모든 그리스도인을 격려하고, 그들에게 용기를 북돋아주기를 소망한다.

우리는 무릎을 꿇을 때보다 더 높아질 수 없다.

이것이 비판인가? 누가 감히 남을 비판할 수 있단 말인가? 우리 각자가 지난 세월을 돌이켜보며 기도하지 않고 지내왔다는 것을 기억할 때, 우리의 입술에서는 비판하는 말들이 사라질 것이다.

올바른 기도, 올바른 삶

나는 성도들 개인과 교회를 향한 낭랑한 부르심, 곧 '기도로의 부르심'이 필요한 때가 도래했다고 믿는다.

당신은 지금 '기도'라는 문제를 용감하게 직시(直視)하고 있는가? 사실 이것은 무척이나 어리석은 질문으로 보인다. 왜냐하면 기도가 신앙의 핵심 요소이기 때문이다. 하지만 나는 조금의 망설임 없이 이 문제를 진지하게 대면하라고 촉구하는 바이다.

당신은 기도가 능력이라는 것을 정말로 믿고 있는가?

기도가 이 세상에서 가장 큰 능력임을 믿고 있는가?

기도가 세상을 움직이는 분의 손을 움직인다는 것을 믿고 있는가?

기도하라는 하나님의 명령에 관심을 갖고 있는가?

기도에 관한 하나님의 약속들이 여전히 유효하다고 믿고 있는가?

우리는 이러한 질문을 대할 때에 "그렇다"라고 웅얼거린다. 어느 것에도 "아니다"라고 감히 대답하지 않는다. 그러나 주님은 순종하지 않아도 괜찮거나 혹은 우리 마음대로 선택해서 순종해도 되는 명령을 내리지 않으셨다는 것을 알고 있는가? 주님은 지키지 못하거나 지킬 의향이 없는 약속을 결코 하지 않으셨다는 것을 믿는가?

구세주께서는 우리에게 분명한 행동을 요구하시며 세 가지 명령을 내리셨다. 그것은 바로 '기도하라!', '이렇게 하라!', '가라!'라는 것이다.

당신은 하나님께 순종하고 있는가? 오늘의 교회 강단에서는 '이렇게 하라'라는 주님의 명령만을 반복하고 있다. 그래서 어떤 사람은 이것만이 주님의 유일한 명령이라고 생각하기도 한다. 우리는 '기도하라'와 '가라'라는 명령을 좀처럼 상기하지 못한다. 그러나 '기도하라'라는 명령에 순종하지 않으면 '이렇게 하라'라는 명령에 순종하는 것이나 '가라'라는 명령에 순종하는 것이 전혀 무익하다는 것을 알아야 한다.

사실 그리스도인의 사역과 영적인 삶에서 일어나는 모든 실패가 불완전하거나 불충분한 기도에서 비롯된다는 것을 입증하기는 그리 어렵지 않다. 올바로 기도하지 않으면 올바로 살아갈 수 없고, 올바로 봉사할 수도 없다. 언뜻 보기에는 이 말이 지독한 과장 같을지 모른다. 그러나 성경이 던지는 빛에 비추어 생각하고 또 생각해보면 이 말이 진리라는 것을 확신하게 될 것이다.

지금은 성경이 이토록 오묘하고 놀라운 주제에 대해 어떻게 말하는지 다시 한 번 확인해봐야 할 때이다. 하나님의 약속을 기억하되 마치 그 약속을 처음 듣는 것처럼 깊이 생각해보자. 그리고 그렇게 할 때에 어떤 결과가 나오는지 주목해보자.

"이걸 믿어? 이게 진짜야?"

지금으로부터 약 20년 전, 신학대학에서 공부하고 있을 때의 일이다. 어느 이른 아침, 한 친구가 성경책을 펼쳐든 채로 내 방문을 박차고 들어왔다. 그 친구는 현재 영국 최고의 선교사가 되었지만, 당시에는 그리스도께 돌아온 지 얼마 되지 않은 초신자였다.

그는 신학대학에 진학하는 것이나 목회자가 되는 것에 대해서는 아무 관심도 갖지 않은 채 일반대학에 진학했었다. 명석하고 운동도 잘해서 인기가 많았던 그는 영리한 학생들의 무리에 금세 낄 수 있었다. 그즈음 그는 예수님의 부르심을 받았고 예수님을 자기 인생의 구세주로 영접하였다. 그리하여 그는 주님을 따르는 열정적인 추종자가 되었다. 그 친구에게 성경책은 무척이나 새로운 책이었으므로 그는 날마다 그 속에서 흥미로운 것들을 발견했다.

어느 날, 그는 성경책을 펴들고 내 방에 불쑥 찾아와서 희열과 놀라움이 섞인 얼굴로 소리쳤다.

"이걸 믿어? 이게 진짜야?"

"뭘?"

그가 들고 있는 성경책을 힐끗 쳐다보면서 내가 되물었다.

"이것 좀 봐!"

그가 잔뜩 흥분한 어조로 마태복음 21장 22절을 읽어 내려갔다.

"너희가 기도할 때에 무엇이든지 믿고 구하는 것은 다 받으리라 하시니라."

"자네 이걸 믿어? 이게 진짜야?"

"물론이지! 믿고말고. 그 말씀은 진짜야!"

그가 그렇게 흥분한 것에 놀라며 대답했지만, 순간 온갖 생각이 뇌리를 스치고 지나갔다.

"정말 대단한 약속이야!"

그가 말했다.

"무한정한 약속인 것 같아. 그런데 지금까지 내가 왜 더 많이 기도하지 않았는지 모르겠어."

그가 이렇게 말하고 나가버린 뒤, 나는 방 안에 혼자 남아 생각에 잠겼다. 나는 그 구절에 대해 그런 식으로 생각해본 적이 없었다. 주님을 열정적으로 따르는 그 미숙한 추종자를 통해서 나는 주님의 사랑과 능력에 대해 이전에 알지 못했던 새로운 시각을 갖게 되었다.

나는 무한한 능력의 삶에 대한 비전을 품게 되었고, 그것은 오직 두 가지, 곧 믿음과 기도에 달려 있다는 것을 깨달았다. 그러자 오싹한 전율이 느껴졌다. 나는 무릎을 꿇고 주님 앞에 머리를 조아렸다. 그러자 여러 가지 생각이 파도처럼 몰려왔고, 내 영혼에 소망과 열망이 넘쳤다. 하나님께서 매우 특별한 방식으로 내게 말씀하고 계신 것이었다. 그것은 기도로의 엄숙한 부르심이었다. 그러나 부끄럽게도 나는 그 부르심에 귀를 기울이지 않았다.

정한 마음, 정직한 영

솔직하게 말해서, 이 일이 있은 후에 이전보다 조금 더 많이 기도하였다. 그러나 그렇게 많은 변화가 일어나지는 않았다. 이유가 무엇이었을까? 내가 무엇을 잘못했던 것일까? 하나님께서 원하시는 능력 있는 기도의 사람들의 내적인 삶의 표준을 몰라서 그랬던 것일까? 나의 삶이 고린도전서 13장에 묘사된 온전한 사랑의 기준에 도달하지 못해서 그랬던 것일까?

아무튼 단지 기도하겠다는 선한 결단을 행동으로 옮기는 것이 기도인 것은 아니기 때문에 그랬다는 것은 확실하다. 올바로 기도하기 위해서는 다윗처럼 다음과 같이 부르짖어야 한다.

> 하나님이여 내 속에 정한 마음을 창조하시고 내 안에 정직한 영을 새롭게 하소서 _시 51:10

엄숙한 초대

우리는 주님이 사랑의 사도를 감동시키신 말씀에 그 어느 때보다 세밀하게 주의를 기울여야 한다.

사랑하는 자들아 만일 우리 마음이 우리를 책망할 것이 없으면
하나님 앞에서 담대함을 얻고 무엇이든지 구하는 바를 그에게 받
나니 _요일 3:21,22

이 말씀은 진리다. 이 말씀은 무한한 약속이다. 그런데 우리는 이
약속을 온전히 깨닫고 있는가? 그리고 이 약속을 그리스도께 온전히
주장하고 있는가? 주님은 말씀을 믿지 못하는 우리의 불신앙을 이상
하게 여기신다. 우리가 만약 예수님을 영접하고 복음서를 처음 읽을
때의 감격으로 그것을 다시 읽을 수만 있다면 성경이 실로 놀랍고 기
이한 책으로 여겨질 것이다.

이제 기도로의 이 엄숙한 부르심으로 당신을 초대하고자 한다. 이
부르심에 귀를 기울여서 유익을 얻을 것인가? 아니면 귀를 틀어막고
기도하지 않는 삶을 지속할 것인가?

그리스도인이여, 잠에서 깨어나자! 사탄이 우리의 두 눈을 가리고
있다. 사탄은 성도가 기도라는 문제를 똑바로 보지 못하도록 안간힘
을 쓴다.

이 책은 사람들의 특별한 요청에 의해 저술되었다. 그러나 요청을
받은 지 벌써 몇 개월이 흘러버렸다. 글을 쓰려고 시도할 때마다 매번
좌절을 당했고, 심지어 지금도 글을 쓰는 데 낯선 거리낌이 느껴지고
있다. 마치 이상야릇한 힘이 내 손을 제지하고 있는 것 같다.

당신은 사탄이 가장 두려워하는 것이 기도라는 것을 깨닫고 있는가?

사탄의 최대 관심사는 우리가 기도하지 못하게 하는 데에 있다. 사탄은 우리가 기도하지 않으면서 사역에 몰두하는 것을 즐긴다. 우리가 기도하지 않는 한, 사탄은 우리가 열심히 성경을 공부하는 것을 무서워하지 않는다.

혹자는 또한 이렇게 말했다.

"사탄은 우리의 수고를 비웃고 지혜를 조롱하지만 우리가 기도할 때에 벌벌 떤다."

우리는 이 모든 말을 잘 알고 있다. 그러나 우리는 실제로 기도하고 있는가? 만일 그렇지 않다면 성공의 징표가 아무리 분명하게 보인다 할지라도, 실패가 우리의 발뒤꿈치를 끈질기게 따라다닐 것이다.

우리가 하나님과 인간을 위해 할 수 있는 가장 큰 일이 기도하는 것임을 절대 망각하지 말자. 왜냐하면 우리가 '일'보다는 '기도'로 훨씬 더 많은 것을 이룰 수 있기 때문이다. 기도는 전능하다. 기도는 하나님이 할 수 있는 것은 무엇이나 가능하게 한다. 우리가 기도할 때, 하나님께서 역사하신다.

봉사의 모든 열매는 기도의 결과이다. 봉사의 열매는, 봉사하는 사람의 기도 혹은 그 사람을 위해 거룩한 손을 들어올리는 사람의 기도의 성과이다.

우리 모두는 기도하는 법을 알고 있다. 그러나 아마도 우리 가운데 어떤 이들은 그 옛날, 제자 중 하나가 그랬던 것처럼 이렇게 부르짖어야 할 것이다(눅 11:1).

"주여, 우리에게도 기도를 가르쳐주옵소서!"

길이요 진리요 생명이신 주님을 의지하여
하나님께 나아가자.

주여!
주께서 친히 걸으신 기도의 길로
지금 우리에게 기도를 가르쳐주소서!

1. 하나님은 기도하지 않는 이 시대를 이상하게 여기신다.

오늘 우리 시대에 능력 있는 기도가 무엇인지 아는 사람이 드물다. 우리 모두는 기도의 능력을 믿는다고 고백하지만, 과연 기도의 능력을 믿는 사람이 얼마나 될까? 오늘날 많은 그리스도인이 자주 실패하는 까닭이 무엇일까? 기도를 많이 하지 않기 때문이다. 수많은 교회의 일꾼이 상심하는 까닭이 무엇일까? 기도를 많이 하지 않기 때문이다. 교회가 하나님을 향해 활활 타오르지 못하는 까닭이 무엇일까? 참된 기도가 없기 때문이다. 모든 실패의 비밀은 하나님 앞에서 은밀한 기도를 하지 않는 데에 있다.

2. 올바로 기도하지 않으면 올바로 살아갈 수 없다.

'기도하라'라는 명령에 순종하지 않으면 '이렇게 하라'라는 명령에 순종하는 것이나 '가라'라는 명령에 순종하는 것이 전혀 무익하다는 것을 알아야 한다. 그리스도인의 사역과 영적인 삶에서 일어나는 모든 실패가 불완전하거나 불충분한 기도에서 비롯된다. 올바로 기도하지 않으면 올바로 봉사할 수 없다. 기도보다 앞서가지 말라.

3. 기도는 전능하다.

우리가 하나님과 인간을 위해 할 수 있는 가장 큰 일이 기도하는 것임을 절대 망각하지 말라. 왜냐하면 우리가 '일'보다는 '기도'로 훨씬 더 많은 것을 이룰 수 있기 때문이다. 기도는 전능하다. 기도는 하나님이 할 수 있는 것은 무엇이나 가능하게 한다. 우리가 기도할 때, 하나님께서 역사하신다. 봉사의 모든 열매는 기도의 결과이다. 봉사의 열매는, 봉사하는 사람의 기도 혹은 그 사람을 위해 거룩한 손을 들어올리는 사람의 기도의 성과이다.

〜

사랑하는 자들아 만일 우리 마음이 우리를 책망할 것이 없으면 하나님 앞에서 담대함을 얻고
무엇이든지 구하는 바를 그에게 받나니 요일 3:21,22

그분의 약속 앞에
무릎을 꿇라

우리는 정말로 하나님의 뜻을 행하기를 원하는가?
우리는 정말로 하나님의 약속을 믿는가?
진정 그렇다면 하나님 앞에 무릎 꿇는 시간을 더 많이 가져야 하지 않겠는가?

가장 크고 멋진 약속

장차 그리스도와 함께 영광 중에 서서 지나간 삶을 회고할 때, 당신은 기도하지 않는 삶을 살았다는 것에 아연실색할 것이다. 당신은 진실한 중보기도에 더 많은 시간을 쏟지 않았다는 것에 소스라치게 놀라 거의 정신을 잃게 될 것이고, 자신이 왜 그랬는지 의아할 것이다.

예수님은 모든 기도 중에서 가장 놀라운 기도를 하시기 직전, 사랑하는 제자들에게 마지막 강론을 하실 때에 자신이 소유한 왕의 황금 홀을 거듭 내미시며 말씀하셨다.

"너희의 요구 사항이 무엇이냐? 너희가 무엇을 구하든지 받을 것이며, 심지어 내 나라 전체에서도 그것이 이루어질 것이다."

당신은 이 말씀을 믿는가? 성경을 믿는다면 이 말씀을 반드시 믿어야 할 것이다. 그러나 성경에 여러 차례 반복되는 주님의 약속들을 조용히 생각에 잠겨 읽는 것으로만 그칠 것인가? 만일 당신이 이러한 약속들을 처음 읽는 것이라면, 거짓말처럼 믿기 어려운 약속들에 깜짝 놀라 눈이 휘둥그레질 것이다. 이런 약속들이 인간의 입에서 나온 것이라면 믿기 어려울 테지만, 이 말씀을 하신 이는 하늘과 땅의 주인이시다. 더군다나 이 약속은 예수님의 생애에서 가장 엄숙한 순간, 즉 수난을 당하시고 운명하시기 전날 밤에 주신 것이다. 그러므로 이것은 작별 메시지였다. 그럼 이제 들어보자!

> 내가 진실로 진실로 너희에게 이르노니 나를 믿는 자는 나의 하는 일을 저도 할 것이요 또한 이보다 큰 것도 하리니 이는 내가 아버지께로 감이니라 너희가 내 이름으로 무엇을 구하든지 내가 시행(施行)하리니 이는 아버지로 하여금 아들을 인하여 영광을 얻으시게 하려 함이라 내 이름으로 무엇이든지 내게 구하면 내가 시행하리라 _요 14:12-14

이보다 쉽고 명백한 말씀이 있을 수 있을까? 이보다 위대하고 감격적인 약속이 있을 수 있을까? 어느 시대에 어느 장소에서 어느 누가 이러한 엄청난 약속을 제시한 적이 있는가?

현장에서 이 말씀을 듣던 제자들은 깜짝 놀라 어리둥절했다. 자신들의 귀를 믿을 수 없었을 것이다. 그러나 이는 분명 제자들뿐 아니라 당신과 나를 위한 약속이다.

예수님은 제자들이나 우리가 이 약속의 의미를 잘못 해석하지 않도록 잠시 후에 다시 반복하셨고, 성령은 요한을 감동시켜 말씀을 계속 기록하게 하셨다.

> 너희가 내 안에 거하고 내 말이 너희 안에 거하면 무엇이든지 원하는 대로 구하라 그리하면 이루리라 너희가 과실을 많이 맺으면 내 아버지께서 영광을 받으실 것이요 너희가 내 제자가 되리라 _요 15:7,8

이 약속이 심히 중요하기 때문에 예수님은 세 번이나 말씀하셨음에도 만족하지 않으셨다. 주님은 제자들에게 "구하라"라는 명령에 순종하라고 촉구하셨고, 자신의 명령에 순종하는 것이 바로 자신의 친구임을 나타내는 징표라고 말씀하셨다(요 15:14). 그런 다음 또다시 말씀하셨다.

> 너희가 나를 택한 것이 아니요 내가 너희를 택하여 세웠나니 이는 너희로 가서 과실을 맺게 하고 또 너희 과실이 항상 있게 하여 내 이름으로 아버지께 무엇을 구하든지 다 받게 하려 함이니라 _요 15:16

아마 당신은 예수님이 똑같은 명령을 네 차례나 반복하심으로써,

제자들이 기도하기를 원하시며 그들의 기도를 필요로 하시며 또한 기도하지 않으면 아무것도 이룰 수 없다는 것을 충분히 설명하셨다고 생각할지 모른다. 그러나 놀랍게도 주님은 다시 동일한 화제로 돌아와 말씀하셨다.

> 그날에는 너희가 아무것도 내게 묻지 아니하리라 내가 진실로 진실로 너희에게 이르노니 너희가 무엇이든지 아버지께 구하는 것을 내 이름으로 주시리라 지금까지는 너희가 내 이름으로 아무것도 구하지 아니하였으나 구하라 그리하면 받으리니 너희 기쁨이 충만하리라 _요 16:23,24

예수님이 어떤 약속이나 명령을 이처럼 강조하신 적은 결코 없었다. 주님은 이 믿기 어려운 약속을 여섯 차례나 거듭 반복해서 말씀하셨다. 우리의 구세주께서 무엇이든 원하는 것을 구하라고 여섯 번이나 잇달아 명령하신 것이다! 이것이야말로 주께서 인간에게 주신 약속 가운데 가장 크고 멋진 약속이 아닐 수 없다. 그러나 대부분의 그리스도인이 이 약속을 무시하고 있다. 그렇지 않은가?

이 약속이 너무도 크고 엄청나서 무척이나 당황스러운가? 그러나 우리는, 주님이 "우리의 온갖 구하는 것이나 생각하는 것에 더 넘치도록 능히 하실 이"(엡 3:20)라는 것을 잘 알고 있다.

그래서 우리의 복되신 주님은 체포되어 결박을 당하고 채찍에 맞기 전, 십자가 위에서 침묵하시기 전에 은혜로운 입술로 마지막 권면을 하셨다.

> 그날에 너희가 내 이름으로 구할 것이요 … 아버지께서 친히 너
> 희를 사랑하심이니라 _요 16:26,27

우리는 종종 주님의 십자가상의 칠언(七言)에 대해 숙고하면서 많은 시간을 보낸다. 마땅히 그렇게 해야 한다. 그것은 유익하다. 그러나 당신은 구세주의 권면에 대해서, 일곱 번에 걸친 기도로의 초대에 대해서 단 한 시간이라도 시간을 들여 묵상한 적이 있는가?

하나님을 위해 많은 것을 하려면?

예수님은 지극히 높으신 위엄의 보좌에 앉아 지금도 권능의 홀을 우리에게 내밀고 계신다. 그런데 우리는 그 홀을 만지며 소원을 아뢰는가? 주님은 자신의 보화를 가져가라고 명하고 계신다. 주님은 "그 영광의 풍성을 따라" 우리에게 주심으로써 "성령으로 말미암아" 우리의 "속사람을 능력으로 강건하게" 하기를 갈망하신다(엡 3:16). 주님은 우리의 강건함과 열매가 기도에 달려 있다고 말씀하신다. 주님은 우리의 충만한 기쁨이 기도의 응답에 달려 있다고 상기시키신다(요 16:24).

그러나 우리는, 사탄이 우리를 설득하여 기도를 게을리 하도록 만

드는 것을 그냥 내버려두고 있다. 사탄은 우리가 기도하기보다 스스로 노력함으로써, 하나님께 간청하기보다 사람들과 관계를 맺음으로써 훨씬 더 많은 것을 이룰 수 있다고 믿게 만든다.

주님이 기도하라고 일곱 번이나 초대하고 명령하고 약속하셨음에도 사람들이 주의를 기울이지 않는다는 게 도무지 이해가 가지 않는다. 그리스도 앞에 무릎을 꿇지 않으면서 어떻게 감히 그리스도를 위해 일할 수 있을까?

아주 최근, 주일학교 교사로 열심히 봉사하는 그리스도의 한 일꾼이 내게 "저는 평생에 기도 응답을 받아본 적이 한 번도 없습니다"라는 내용의 편지를 보내왔다.

왜 그런 것일까? 하나님이 거짓말쟁이라서? 하나님이 신실한 분이 아니라서? 하나님의 약속이 무용지물이라서? 하나님이 장난삼아 말한 것이라서? 지금 이 글을 읽고 있는 독자들 중에서도 그 일꾼이 했던 말을 속으로 웅얼거리는 이들이 분명 적지 않을 것이다.

"하나님을 위해 많은 것을 하려면 하나님께 많은 것을 구해야 한다. 우리는 기도의 사람이 되어야 한다!"

페이슨(Edward Payson, 19세기 미국의 설교자)의 이 말은 옳고 또 성경적이다. 우리가 기도를 응답받지 못한다면(하나님께서 언제나 우리의 기도에 응답하시지만 반드시 무엇을 주시는 것은 아니다), 그것은 전적으로 우리에게 허물이 있기 때문이지, 하나님께 과실(過失)이 있기 때문이 아니다. 하나님은 기도에 응답하기를 기뻐하신다. 그분은 응답하시겠다는 약속을 우리에게 주셨다.

하나님의 포도원에서 함께 일하는 일꾼들이여! 우리가 구하고 또 많이 구하기를 주님이 바라신다는 것은 명백하다. 예수님은 우리가 기도함으로써 하나님을 영화롭게 한다고 말씀하셨다. 하나님의 뜻을 벗어나지 않은 것 가운데 기도의 범위를 벗어나는 것은 아무것도 없다. 그리고 우리는 하나님의 뜻을 벗어나기를 바라지 않는다.

우리는 주님의 말씀이 진리가 아니라고 감히 말하지 못한다. 그러나 어찌된 일인지, 그 말씀을 온전히 믿는 사람은 거의 없는 것 같다. 무엇이 우리를 저지하고 있는가? 무엇이 우리의 입술을 봉하고 있는가? 무엇이 우리로 하여금 기도하지 못하게 막고 있는가?

우리는 예수님의 사랑을 의심하는가? 결단코 그렇지 않다. 그분은 우리를 위해 그리고 우리에게 자기 목숨을 내어주셨다. 우리는 아버지의 사랑을 의심하는가? 결코 그렇지 않다. 주님은 제자들에게 기도를 촉구하시며 "아버지께서 친히 너희를 사랑하심이니라"(요 16:27)라고 말씀하셨다.

우리는 주님의 능력을 의심하는가? 한순간이라도 그렇지 않다. "하늘과 땅의 모든 권세를 내게 주셨으니 그러므로 너희는 가서 모든 족속으로 제자를 삼아 아버지와 아들과 성령의 이름으로 세례를 주고 내가 너희에게 분부한 모든 것을 가르쳐 지키게 하라 볼지어다 내가 세상 끝 날까지 너희와 항상 함께 있으리라"(마 28:18-20)라고 예수께서 분명히 말씀하시지 않았는가?

우리는 주님의 지혜를 의심하는가? 주님이 우리를 택하셨다는 것을 믿지 못하는가? 단 1초라도 그렇지 않다.

그런데도 어찌된 일인지, 주님을 따르는 사람들 가운데 기도를 귀하게 여기는 이들이 심히 적다. 물론 어떤 사람은 내 말을 부정하려 들 것이다. 그렇지만 행동이 말보다 더 많은 것을 증명하는 법이다.

우리는 하나님을 시험하기를 두려워하는 것이 아닌가? 하나님께서는 자신을 시험해도 좋다고 분명히 말씀하셨다.

> 만군의 여호와가 이르노라 너희의 온전한 십일조를 창고에 들여 나
> 의 집에 양식이 있게 하고 그것으로 나를 시험하여 내가 하늘 문을
> 열고 너희에게 복을 쌓을 곳이 없도록 붓지 아니하나 보라_말 3:10

하나님이 약속을 주실 때마다 사도 바울처럼 "나는 하나님을 믿노라!"라고 담대하게 선포하자(행 27:25). 그리고 주님이 약속을 이루실 것을 믿자!

지금까지 당신이 기도의 사람이 아니었다면 이제부터라도 기도의 사람이 되자. 편한 때가 올 때까지 미루지 말라. 하나님은 우리가 기도하기를 원하신다. 사랑의 구세주도 우리가 기도하기를 원하신다. 아버지는 우리의 기도를 필요로 하신다. 많은 것이, 아니 모든 것이 기도에 의해 좌우된다. 그런데 어찌 주춤거린단 말인가? 이제 모두 무릎을 꿇고 이렇게 질문하자.

"이 세상에 죄인의 구원을 위해 나보다 더 뜨겁게 기도하는 사람이 없다면, 어떻게 그 많은 죄인이 기도를 통해 아버지께로 돌아오겠는가?"

기도는 의무인가, 특권인가, 즐거움인가?

당신은 하루에 몇 분 기도하는가? 하루 10분만 기도에 투자하면 족하다고 생각하는가? 기도가 그만큼의 가치밖에 없다고 여기는가? 물론 하루에 10분이라도 무릎을 꿇고 기도할 때, 천국을 구하여 얻을 수 있다. 그러나 하루 10분? 하나님을 붙잡기 위해(사 64:7) 들이는 시간치고는 터무니없이 부족한 것 같다.

이런저런 말을 마음대로 지껄이는 것이 기도인가? 생각이 여기저기 정처 없이 헤매는 동안, 금세 무의미해지고 마는 몇 가지 문장을 되뇌는 게 우리의 기도가 아닌가?

오늘 아침에 무릎을 꿇고 되풀이했던 기도에 하나님께서 응답하신다면 우리는 과연 그 사실을 알 수 있을까? 우리의 기도가 응답받았다는 것을 알아차릴 수 있을까? 당신은 무엇을 구했는지 기억하고 있는가? 하나님께서는 응답하신다. 그렇게 하겠다고 분명히 말씀하셨다. 하나님은 믿음으로 드리는 진실한 기도에 언제나 응답하신다. 이 점에 대해 성경이 무엇이라 말씀하는지는 다음 장에서 논하기로 하고, 여기서는 우리가 기도에 들이는 시간의 분량에 대해 생각해보기로 하자.

혹자가 어떤 부인에게 물었다.

"부인은 얼마나 자주 기도하십니까?"

그녀는 아무런 망설임 없이 대답했다.

"하루에 세 번 기도합니다. 그리고 온종일 기도하지요."

그러나 그녀와 같은 사람이 과연 몇 명이나 될까? 우리에게 기도는 단순한 의무인가, 특권인가, 즐거움인가, 참된 기쁨인가, 아니면 없어서는 안 될 것인가?

영광 중에 계신 예수 그리스도를 새로운 시각으로 바라보자. 예수 그리스도께서 우리에게 맡겨주신 모든 영광의 풍성함과 그리스도께서 소유하신 권능을 새로운 눈으로 바라보자. 그리고 이 세상과 세상이 필요로 하는 것을 새로운 시각으로 바라보자(세상이 지금처럼 궁핍한 적은 일찍이 없었다).

정말로 이상한 것은 우리가 기도하지 않는다는 게 아니라, 우리가 우리 자신의 필요와 가정의 필요와 사랑하는 사람의 필요와 교회의 필요와 목회자의 필요와 지역 사회의 필요와 국가의 필요와 이슬람 세계의 필요와 모든 이교도의 필요를 잘 알면서도 무릎을 꿇었다가 금세 일어난다는 것이다. 이 모든 필요는 그리스도 예수 안에 있는 하나님의 풍성함으로만 채워질 수 있다. 사도 바울은 이 사실을 의심하지 않았다. 우리도 마찬가지다.

나의 하나님이 그리스도 예수 안에서 영광 가운데 그 풍성한 대로 너희 모든 쓸 것을 채우시리라 _빌 4:19

그러나 하나님의 풍성함을 사람들에게 나눠주려면 반드시 기도해야 한다. 왜냐하면 "주께서 모든 사람의 주가 되사 저를 부르는 모든 사람에게 부요"(롬 10:12)하시기 때문이다.

이처럼 기도의 중요성이 실로 엄청나기 때문에, 하나님은 우리가 만들어낼 수 있는 모든 핑계와 반론을 미연에 방지하기 위해 신중을 기하셨다. 인간은 자신의 나약함이나 연약함을 항변하거나 기도하는 법을 모른다고 주장한다. 하나님께서는 인간의 이러한 무력함을 오래전부터 간파하시고, 바울에게 영감을 주어 다음과 같이 기록하게 하셨다.

> 이와 같이 성령도 우리 연약함을 도우시나니 우리가 마땅히 빌 바를 알지 못하나 오직 성령이 말할 수 없는 탄식으로 우리를 위하여 친히 간구하시느니라 마음을 감찰하시는 이가 성령의 생각을 아시나니 이는 성령이 하나님의 뜻대로 성도를 위하여 간구하심이니라 _롬 8:26,27

그렇다. 하나님께서는 우리를 위해 모든 준비를 갖춰주셨다. 오직 성령만이 우리를 분발시켜 하나님을 붙잡을 수 있게 한다. 그러므로 성령의 인도하심에 우리 자신을 온전히 맡기면 "우리는 기도하는 것과 말씀 전하는 것을 전무하리라"(행 6:4)라고 말했던 옛 사도들의 모범을 확실히 따르게 될 것이다.

한 사람이 세상에 끼치는 영향은 웅변이나 열심이나 정통 교리나

에너지가 아니라 기도에 의해 평가된다. 이 사실을 확신할 때 우리는 온전히 안식할 수 있을 것이다. 그리고 한 걸음 더 나아가, 올바로 기도하지 않는 사람은 올바로 살아갈 수 없다.

어쩌면 당신은 이른 아침부터 늦은 저녁까지 그리스도를 위해 열심히 일하고 있는지 모르겠다. 성경공부에 많은 시간을 투자하고 있는지도 모르겠다. 진지하고도 만족스럽게, 신실한 자세로 말씀을 전하고 인간관계를 꾸려나가고 있는지도 모르겠다. 그러나 기도하지 않으면 이런 것들 가운데 그 무엇도 능력을 나타내지 못한다. 기도하지 않으면 선행을 베풀면서도 선한 열매를 맺지 못하는 것이다(골 1:10). 기도를 통해 하나님과 많은 시간을 함께 보내지 않으면 그분을 위해 많은 것을 할 수 없다.

은밀한 기도가 많으면 많을수록 공적(公的)으로 나타나는 능력은 더욱 커진다. 하지만 우리가 세운 계획은 거의 완벽에 가까운 반면, 기도하고자 하는 필사의 노력은 행방불명이 되어버린 것이 오늘의 실상이 아닌가?

그리스도인은 부흥이 지연되는 이유가 무엇인지 궁금해한다. 부흥이 지연되는 이유는 오직 한 가지뿐이다. 그것은 바로 기도의 부족 때문이다. 모든 부흥은 기도의 산물(産物)이었다. 때로 어떤 사람은 천사장의 음성을 갈망하기도 한다. 그러나 그리스도의 음성이 우리를 분발시켜 기도하게 하지 않는다면 그런 것이 무슨 소용이겠는가?

구세주께서 무한정한 약속을 내놓으셨음에도 성도들이 그것을 목청껏 주장하지 않고 묵살해버린다면, 그보다 더 무례한 행동은 없을 것이다.

우리는 성령께서 우리에게 역사하여 그리스도의 능력과 말씀을 상기시키도록 한다고 굳게 믿으면서도, 자꾸 우리 스스로 무엇인가를 해야만 한다고 느낀다. 사람의 말로는 그 누구에게도 기도의 가치와 전능함과 필요성을 납득시킬 수 없다. 그러나 성령께서 성도로 하여금 기도하지 않는 죄를 자각하게 하셔서 그들을 무릎 꿇게 하실 것이며, 믿음과 능력의 뜨거운 기도로 밤낮 부르짖게 하실 것이다. 주 예수께서는 지금 우리에게 무릎을 꿇고 그분의 풍성한 은혜를 구하라고 손짓하고 계신다.

"하루에 네 시간이나?"

세상 어느 누구도 누군가에게 얼마 동안 기도해야 하는지 처방해줄 수 없다. 우리는 하루에 몇 분 혹은 몇 시간 기도하기로 맹세해야 한다고 다른 사람에게 요구할 수 없다. 물론 성경에서는 "쉬지 말고 기도하라"(살전 5:17)라고 명령하고 있다. 이것이 기도의 태도이다. 또한 이것이 우리 삶의 태도가 되어야 한다.

이제 '기도'라는 명확한 행위에 대해 이야기해보자. 당신은 기도하는 시간을 재어본 적이 있는가? 만일 스스로 기도하는 시간을 재어본다면 매우 놀라고 당황할 것이다. 몇 해 전, 내가 기도를 많이 하고 있지 않다는 것을 절실히 깨달은 적이 있다. 당시 나는 하루에 적어도 한 시간은 기도해야 한다고 생각하고 있었다. 그래서 매일 기도하는 시간을 꼼꼼하게 노트에 기록해두었다. 그러던 어느 날, 하나님께 귀하게 쓰임을 받고 있는 한 사역자를 만났다. 그에게 승리의 비결이 무엇이냐고 질문하자, 그가 조용히 대답했다.

"글쎄요. 저는 하루에 두 시간씩 개인기도를 하지 않으면 아무것도 할 수가 없습니다."

그리고 얼마 후, 해외에서 사역하고 있는 성령 충만한 한 선교사를 만났다. 그는 자신의 사역을 통해 하나님이 이루시고 있는 놀라운 일을 겸손하게 전하며(그는 이러한 간증을 하면서 처음부터 끝까지 하나님을 찬양하고 영화롭게 하였는데) "저는 하루에 네 시간씩 기도하는 습관이 필요하다는 것을 종종 깨닫곤 합니다"라고 말했다.

뿐만 아니라 우리는 가장 위대한 선교사이셨던 예수님이 종종 밤을 새워 기도하셨다는 사실을 기억한다. 주님이 왜 그러셨던 것일까? 복되신 주님이 단지 본을 보이려고 그렇게 하신 것은 아닐 것이다. 예수님은 단지 본을 보이기 위해 일을 하신 적이 없다. 주님이 기도하신 까닭은, 기도할 필요가 있었기 때문이다. 완벽한 인간이신 예수님에게 기도가 필요했다면, 하물며 당신과 나에게는 얼마나 많은 기도가 필요한 것일까?

"하루에 네 시간이나?"

의료선교사로 평생을 그리스도께 헌신한 어떤 사역자가 놀라며 외친 말이다.

"하루에 네 시간이나 기도한다고요? 전 10분이면 끝나는데?"

한편으로 슬프기도 하지만 용기 있고 정직한 고백이 아닐 수 없다. 우리가 이렇게라도 정직하게 털어놓을 수 있다면 많은 것이 달라지지 않을까?

이런 사람들을 만난 것은 결코 우연이 아니었다. 하나님께서 그들을 통해 내게 말씀하고 계셨다. 그것은 바로 "인내와 안위의 하나님"(롬 15:5)이시며 "모든 위로의 하나님"(고후 1:3)이 주시는 또 하나의 '기도로의 부르심'이었다.

우리에게 기도할 마음이 있는가?

그들의 조용한 메시지가 내 영혼 깊숙이 스며들었을 때, 남들이 흔히 하는 말로 '우연히' 책 한 권을 접하게 되었다. 《기도의 사람 하이드》라는 제목의 책으로, 하이드(John Hyde, 1865~1912)가 부르심을 받았을 때의 이야기를 간략하고 평이하게 기록한 내용이었다. 마치 하나님이 세례 요한을 보내어 세상에 처음 오시는 주님의 길을 예비하게 하신 것처럼, 이 마지막 때에 기도하는 사람 존 하이드를 보내어 세상에 두 번째로 오실 주님의 길을 평탄하게 하시는 것만 같았다. '기도의 사람 하이드', 이 얼마나 영예로운 호칭인가? 나는 그의 놀라운 기도의 삶에 대해 읽으며 "과연 나는 기도한 적이 있는가?"라고 묻지 않을 수 없었다.

나는 다른 사람도 나와 같은 질문을 품고 있다는 것을 알았다. 남다른 기도생활로 이름이 널리 알려진 어떤 부인은 내게 편지를 보내 "이 책을 다 읽고 났을 때, 제 평생에 진정으로 기도한 적이 단 한 번도 없었다는 것을 깨달았습니다"라고 고백했다. '기도의 사람 하이드'에 대한 자세한 이야기는 나중에 다시 하기로 하겠다.

하나님 앞에 무릎 꿇고, 성령께서 우리를 낱낱이 감찰하시도록 순복하자. 우리는 진실한가? 우리는 정말로 하나님의 뜻을 행하기를 원하는가? 우리는 정말로 하나님의 약속을 믿는가? 진정 그렇다면 하나님 앞에 무릎 꿇는 시간을 더 많이 가져야 하지 않겠는가?

하루에 지나치게 많은 시간을 기도하겠다고 서원하지 말라. 대신 많이 기도하겠다고 결단하라. 하지만 귀중한 기도를 드리려면 자발적으로 해야지 억지로 해서는 안 된다. 그러나 주 예수 그리스도께 온전히 굴복하지 않는 한, 기도에 대한 거리낌을 극복하고 기도하는 데 많은 시간을 할애하겠다는 단순한 결심은 지속적인 효력을 나타내지 못한다.

당신이 아직 이러한 조치를 취해본 적은 없지만, 기도의 사람이 되기를 원한다면 지금 당장 시작해보라!

나는 확신한다. 하나님께서는 내가 그리고 당신이 기도하기를 원하신다. 문제는 '우리에게 기도하고자 하는 마음이 있는가?' 하는 것이다.

은혜로우신 구세주여! 성령의 충만함을 부어주셔서 우리가 진정으로 무릎 꿇는 그리스도인이 되게 해주옵소서!

네 모든 필요를
그때그때 기도하여
하나님께 아뢰어라.

항상 기도하라.
기도하고 낙심하지 말라.
기도하되 쉬지 말고 기도하라.

1. 주님은 '기도하라' 라고 일곱 번이나 약속하고 명령하셨다.

예수님은 어떤 약속이나 명령을 이렇게 강조하신 적이 결코 없었다. 그러나 주님이 이렇게 일곱 번이나 약속하고 명령하셨음에도 사람들은 주의를 기울이지 않는다. 그리스도 앞에 무릎 꿇지 않으면서 어떻게 감히 그리스도를 위해 일할 수 있을까? 우리가 지금까지 기도의 사람이 되지 못했다면 지금부터라도 기도의 사람이 되자. 편한 때가 올 때까지 미루지 말라. 하나님은 우리가 기도하기를 원하신다. 많은 것이, 아니 모든 것이 기도에 의해 좌우된다.

2. 우리의 기도 시간이 너무 짧다는 것이 문제이다.

정말로 이상한 것은 우리가 기도하지 않는다는 게 아니라, 우리가 우리 자신의 필요와 다른 사람의 필요를 잘 알면서도 무릎을 꿇었다가 금세 일어난다는 사실이다. 우리 주님도 밤을 새워 기도하셨다. 주께 기도가 필요했다면 우리에게는 얼마나 많은 기도가 필요하겠는가? 우리는 정말로 하나님의 뜻을 행하기를 원하는가? 그렇다면 우리가 기도하는 시간을 더 많이 가져야 할 것이다. 많이 기도하겠다고 결단하라. 자원하는 마음으로 많이 기도하라.

3. 기도 없이는 능력도 없다.

한 사람이 세상에 끼치는 영향은 웅변이나 열심이나 정통 교리나 에너지가 아니라 기도에 의해 평가된다. 기도하지 않으면 선행을 베풀면서도 선한 열매를 맺지 못한다. 기도를 통해 하나님과 많은 시간을 보내지 않으면 그분을 위해 많은 것을 할 수 없다. 은밀한 기도가 많으면 많을수록 공적(公的)으로 나타나는 능력은 더욱 커진다.

~

너희가 내 안에 거하고 내 말이 너희 안에 거하면
무엇이든지 원하는 대로 구하라 그리하면 이루리라 요 15:7

구하라 그러면
내가 네 앞에서 행하리라

chapter
03

소유할 만한 가치가 있는 모든 것이 기도에 의해 좌우된다.
진실로 하나님은 놀라우신 분이다. 그리고 하나님에 관한 가장 경이로운 사실은,
하나님이 그분의 모든 결정권을 진실한 기도의 사람에게 맡기신다는 것이다.

하늘나라에서 후회하게 될 일

하나님은 우리가 기도하기를 원하신다. 그리고 많이 기도하기를 원하신다. 영적인 것의 모든 성패가 기도에 달려 있기 때문이다.

기도하지 않는 전도자가 노고(勞苦)의 결과를 거둘 수 있을지도 모른다. 하지만 그런 일이 일어난다면 그것은 누군가 어딘가에서 그를 위해 기도하고 있기 때문일 것이다. 그러므로 그 열매는 전도하는 사람의 몫이 아니라 기도하는 사람의 몫이다. 주님이 각 사람의 행한 대로 갚으실 때에(마 16:27) 많은 전도자가 몹시도 당황할 것이다.

그들은 아마 다음과 같이 항변할 것이다.

"주여! 저 사람은 제가 회개시킨 사람이 아닙니까? 수많은 사람을

양의 우리 안으로 불러들인 이 사명을 주도한 사람이 바로 제가 아닙니까?"

그러면 주님이 이렇게 꾸짖으실 것이다.

"그건 그렇지. 네가 전도하고 부탁하고 설득하였지. 그러나 기도도 네가 했단 말이냐?"

하나님께 돌아온 모든 사람은, 성령께서 어떤 성도의 기도에 응답하여 간구한 결과이다. 오, 주님이여! 저희가 이러한 당혹스러움을 겪지 않게 하소서. 오, 주님! 저희에게 올바른 기도를 가르쳐주소서.

우리는 하나님이 그 자녀들에게 기도하라고, 간곡히 부탁하듯이 요청하시는 분임을 알고 있다. 그렇다면 우리는 하나님의 요청을 어떻게 취급하고 있는가? 사도 바울처럼 하늘에서 보여주신 것을 거역하지 않는다고(행 26:19) 자신 있게 말할 수 있는가? 거듭 말하지만, 장차 하늘나라에서 후회할 일이 있다면 그 가운데 가장 후회 막심한 일은 바로 이 땅에 있을 때에 진실한 기도를 너무나 적게 하였다는 점일 것이다.

기도의 범위가 얼마나 광대한지 생각해보라.

내게 구하라 내가 열방을 유업으로 주리니 네 소유가 땅 끝까지 이르리로다 _시 2:8

그러나 대부분의 그리스도인이 생활의 가장 사소한 부분조차 기도를 통해 하나님께 갖고 나오기를 성가시게 여기고 있으며, 그리스도인 열 명 중에 아홉 명이 믿지 않는 사람을 위해 중보기도를 드리지 않고 있다.

그리스도인이 '기꺼이 기도하려 하지 않는다' 라는 것이 나는 그저 놀랍기만 하다. 아마 응답받는 기도를 체험하지 못했거나 들어보지 못했기 때문일 것이다.

나는 이번 장에서 '불가능한 것'을 시도하려 한다. 그렇다면 불가능한 것이란 무엇일까? 나는 모든 독자의 심령과 양심에 기도의 능력을 확신시키기를 갈망한다. 나는 이것을 '불가능한 것'이라 묘사한다. 왜냐하면 주님의 명령과 약속을 믿지도 않고 그대로 행하지도 않는 사람이 나 같은 인간의 단순한 권면으로 설득될 것이라 기대할 수 없기 때문이다.

간구의 성령

당신은, 주님이 제자들에게 말씀하실 때에 자신이 아버지 안에 있고 아버지가 자신 안에 있음을 믿으라고 명하셨다는 것을 기억하는가? 예수님은 "내가 아버지 안에 있고 아버지께서 내 안에 계심을 믿어라. 그렇지 못하겠거든 내가 행하는 그 일들을 보아서라도 믿어라"라고 말씀하셨다(요 14:11). 이 말씀은 다음과 같이 이해할 수 있을 것이다.

"나의 인격과 거룩한 삶과 놀라운 말로도 너희 마음에 믿음이 생기지 않는다면 내가 하는 일들을 주목하라. 그 일들을 보면 믿지 않을 수 없을 것이다. 내가 하는 일들을 보고 나를 믿어라."

예수님은 계속해서, 제자들이 믿기만 하면 '이보다 더 큰 일'을 할 것이라고 약속하셨다. 그리고 이렇게 말씀하신 후에 기도에 관한 여섯 가지 놀라운 약속 가운데 첫 번째 약속을 주셨다. 그러므로 우리는, '이보다 더 큰 일'이 기도의 결과로만 이루어질 수 있음을 확실히 추론할 수 있다.

제자가 스승의 방법을 따라야 마땅하지 않겠는가? 주님의 일꾼이여! 기도에 관한 예수님의 놀라운 약속을 납득하지 못하거나 믿지 못하겠다면 "행하는 그 일을 인하여" 믿지 않겠는가? 무슨 말이냐 하면, 오늘날 주님의 일꾼들이 수행하고 있는 더 큰 일들이나 주 예수께서 그들의 기도의 협력을 통하여 이루시는 일들을 보고 믿으라는 말이다.

당신은 무엇을 찾고 있는가? 당신 인생의 진정한 목표는 무엇인가? 무엇보다 우리는 하나님의 일에 풍성한 열매를 맺기를 소망하고 있다. 우리는 지위나 명예나 권세를 구하지 않는다. 대신 열매를 맺는 종이 되기를 갈망한다. 그렇다면 우리는 반드시 기도해야 한다. 하나님은 우리의 전도를 통해서보다 기도를 통해 훨씬 더 많은 일을 하실 수 있다. 언젠가 고든(A. J. Gordon, 19세기 후반의 미국 부흥사)은 이렇게 말한 적이 있다.

"기도한 후에는 기도하는 것보다 더 큰 일을 할 수 있지만, 기도하기 전까지는 기도하는 것보다 더 큰 일을 결코 할 수 없다."

우리 모두가 이 말을 진심으로 믿는다면 얼마나 좋을까!

인도(印度)의 한 여성은 일과 인생의 실패로 낙담해 있었다. 그녀는 헌신적인 선교사였지만 어찌된 일인지 그녀의 사역을 통하여 사람들이 회개하는 일은 일어나지 않았다.

그녀는 성령께서 "더 많이 기도하라"라고 말씀하는 것이라 느꼈지만 얼마 동안 성령의 지시를 거부했다. 나중에 그녀는 이렇게 말했다.

"마침내 저는 기도하기 위해 많은 시간을 따로 떼어놓았습니다. 한편으로는 제가 임무를 기피하고 꾀를 부린다고 동료 사역자들이 불평하지는 않을까 두렵고 염려스러웠습니다. 그런데 그렇게 몇 주일이 지났을 때, 사람들이 그리스도를 구세주로 영접하기 시작했습니다. 나아가 교구 전체에 각성의 물결이 일어났고, 동료 선교사들의 사역에도 전에 없는 축복이 임했습니다. 제가 6년 동안 이룬 것보다 더 큰 일을 하나님은 단 6개월에 걸쳐 이루신 것입니다. 그리고…."

그녀는 마지막으로 덧붙였다.

"그 누구도 제가 임무를 기피하여 꾀를 부린다고 비난하지 않았습니다."

인도에서 사역하는 또 다른 여성 선교사 역시도 이와 동일한 기도의 부르심을 느꼈다. 그녀는 많은 시간을 들여 기도하기 시작했다. 외부의 비난은 없었지만 내부에서 비난의 목소리가 들려왔다. 하지만 그녀는 굴하지 않았고, 그렇게 2년이 지났을 때에 회개하고 세례를 받은 사람의 숫자가 두 배로 증가되었다.

하나님께서는 만민에게 은혜와 간구의 성령을 부어주시겠다고 약속하셨다(욜 2:28). 우리는 그 간구의 성령을 얼마만큼이나 우리 것으로 받아들이고 있는가? 우리는 어떤 값을 치르더라도 기필코 그 영을 받아야 한다. 그러나 간구하는 데에 기꺼이 시간을 쏟지 않는다면 하나님께서는 어쩔 수 없이 그 영을 거두실 것이다. 그러면 우리는 성령을 거역하는 무리 속에 들어, 어쩌면 성령을 소멸하는 역할을 하게 될지도 모른다(살전 5:19). 구하는 자에게 성령을 주시겠다고 우리 아버지께서는 약속하셨다(눅 11:13).

기도를 통한 축복의 소나기

이교(異敎) 세계에서 하나님께로 돌아온 사람이 지금 우리를 부끄럽게 하고 있지는 않은가? 몇 해 전 인도에 있을 때, 판디타 라마바이(Pandita Ramabai, 19세기 말엽과 20세기 초에 활동한 인도의 여성 사역자)의 사역의 일부를 목격하는 큰 기쁨을 누린 적이 있었다. 그녀는 1천5백 명의 힌두교 소녀들을 수용하는 기숙학교를 운영하고 있었다.

어느 날, 이 소녀들 가운데 몇 명이 성경을 들고 한 선교사에게 찾아가 "내가 불을 땅에 던지러 왔노니 이 불이 이미 붙었으면 내가 무엇을 원하리요"(눅 12:49)라는 말씀의 의미를 물었다. 그 선교사는 말씀의 의미를 잘 알지 못하여 애매한 대답으로 발뺌을 하려 했다. 그러나 소녀들은 그 대답에 만족하지 못하여 그 불을 달라고 직접 기도하기로 결심했다. 그리하여 소녀들이 기도했을 때 하늘의 불이 그들의 영혼에 내려왔다. 하나님께서 위로부터 오는 오순절을 그들에게 허락하신 것이다. 소녀들은 계속 기도하였다.

얼마 후, 하나님께 간구의 성령을 받은 소녀들 중에 일부가 어떤 선교사의 집(마침 내가 묵고 있었던 집)을 찾아왔다. 소녀들은 선교사에게 청하였다.

"저희가 이 마을에 머물면서 선교사님의 사역을 위해 기도해도 되겠습니까?"

그 선교사는 소녀들의 생각을 기쁘게 받아들이지 않았다. 소녀들은 학교에 있어야 마땅하며, 거리를 나다니면 안 된다고 생각했기 때문이다. 그러나 소녀들은 기도할 수 있는 방이나 헛간을 내달라고 간곡히 부탁하였고, 선교사는 자신의 사역을 위한 기도를 귀하게 여기지 않을 수 없었으므로 결국 청을 들어주었다. 소녀들이 돌아간 뒤, 선교사는 소녀들이 드리고 있을 기도를 생각하며 식탁에 앉았다.

그리고 어둠이 내려앉을 무렵, 인도인 목회자 한 사람이 그 선교사의 집을 찾아왔다. 그는 완전히 깨어진 상태였다. 그는 성령께서 죄를 깨우쳐주셨는데, 이렇게 선교사를 찾아와 자신의 과실을 공개적으로 고백하지 않고서는 견딜 수가 없었노라고 눈물을 쏟으며 이야기했다. 이후, 마을의 그리스도인이 하나 둘씩 찾아와 죄를 고백하기 시작했고, 마침내 모든 사람이 죄를 깊이 자각하게 되었다. 놀라운 축복의 때가 도래했던 것이다. 신앙을 저버렸던 자가 돌아왔고, 성도가 성화(聖化)되었으며, 이교도가 양의 우리 안으로 들어왔다. 어린 소녀 몇 명의 기도에서 이 모든 역사가 비롯된 것이다.

하나님은 사람을 차별하지 않으신다. 누구든지 하나님이 제시하는 조건을 충족시키기만 하면 하나님은 반드시 약속을 이루어주신다. 그분의 놀라우신 능력에 대해 들을 때에 당신의 심령이 불타오르지 않는가? 우리가 구할 때에 그 능력이 우리 것이 된다. 여기에 조건이 있다는 것을 나는 잘 알고 있다. 우리는 그리스도를 통하여 그 모든 조건을 충족시킬 수 있다. 그리고 인도나 해외의 다른 선교지에서 하나님을 섬기는 것과 같은 특권을 소유하지 못한 사람도 해외의 선교사가 끼치는 것과 유사한 축복을 끼치는 데에 공헌할 수 있다.

영국의 웨일스 부흥이 정점에 이르렀을 때에 웨일스 출신의 인도 선교사 한 사람이 고국에 편지를 보내, 인도에서도 그와 같은 부흥이 일어나도록 기도해달라고 부탁하였다. 그리하여 웨일스의 석탄 광부들은 매일 새벽, 광산 입구에 모여 해외에 있는 동료 사역자를 위해 30분씩 기도하였다. 그리고 그렇게 몇 주가 지났을 때, 인도에서 반가운 소식이 날아왔다.

"이곳에도 축복이 임하였다!"

우리가 기도함으로써 우리의 작은 항아리에 필요한 몇 방울의 물을 손쉽게 얻을 수 있는 것처럼, 기도함으로써 인도나 중국, 아프리카에 축복의 소나기를 불러올 수 있다는 사실이야말로 탄복할 만한 것이 아니고 무엇이겠는가?

기도회가 일으킨 대부흥

아마 당신은, 하나님께서 1907년에 한국의 평양에서 일으키신 놀라운 일들을 기억할 것이다. 그 일은 전적으로 기도 응답의 결과였다.

선교사 몇 사람이 매일 오후에 모여 기도하기로 결심했다. 그리고 한 달쯤 지났을 때, 한 형제가 아무 일도 일어나지 않았으니 기도회를 중단하자고 하면서 각자 편한 대로 집에서 기도하자고 제안했다. 그러나 다른 선교사들은 오히려 더 많은 시간을 기도에 쏟는 것이 합당하다고 반론을 제기했다. 그래서 그들은 4개월 동안 매일 기도회를 지속했다. 그러자 갑자기 하늘의 축복이 쏟아지기 시작했다. 예배를 드리던 사람들이 가슴을 치며 죄를 통회하는 바람에 이 교회 저 교회의 예배가 중단되기 일쑤였고, 마침내 강력한 부흥의 불길이 일기 시작했다.

어떤 교회에서는 주일 저녁 예배를 드리던 중에 교회의 지도적인 위치에 있던 한 사람이 벌떡 일어나, 한 과부가 물려받은 유산을 관리하다가 자신이 상당 금액을 횡령했노라고 고백했다. 그러자 죄의 자각(自覺)의 물결이 회중 전체를 휩쓸고 지나갔고, 주일 저녁에 시작된 예배는 그 다음 날 새벽 2시가 되어서도 끝날 줄을 몰랐다. 모든 사람이 하나님의 놀라운 능력을 강력하게 체험했다. 그리고 교회가 그렇게 정화되자 수많은 죄인들이 구원을 받았다.

많은 사람이 호기심이 발동하여 떼를 지어 교회로 몰려왔다. 어떤 이들은 조롱하러 왔다가 두려움에 사로잡혀 그 자리에 머물며 기도하기도 했다. 호기심에 교회를 찾은 사람들 중에는 흉악한 강도 패거리의 두목도 껴 있었다. 그는 그 자리에서 죄를 자복하고 회개했다. 그는 즉시 경찰서로 가서 자수했다.

"아무도 당신을 고소하지 않았는데…."

경찰관이 깜짝 놀라 말했다.

"당신이 스스로를 고소하다니! 우리나라에는 이런 경우에 적용할 법이 없소!"

경찰관은 그를 풀어주었다.

당시 기도회에 참석했던 선교사 한 사람은 이렇게 말했다.

"몇 개월 동안 기도한 보람이 있다. 하나님께서 성령을 주심으로 말미암아 선교사들이 반년 동안 이룰 수 있는 것보다 더 많은 것을 반나절 만에 이루셨기 때문이다."

두 달도 채 지나지 않아 2천 명이나 되는 사람이 주님을 영접했다. 죄를 고백하고 주님을 영접한 사람들의 불타는 열의는 이야깃거리가 되어 입소문을 타고 널리 전해졌다. 그들 중에 어떤 사람은 교회를 짓기 위해 전 재산을 다 바친 후에 더 이상 바칠 것이 없어 눈물을 흘리며 안타까워하기도 했다. 그들이 기도의 능력을 깨달았다는 것은 말할 필요도 없다. 그들은 간구의 성령으로 세례를 받았다.

어떤 교회는 매일 새벽 4시 30분에 기도회를 갖겠다고 발표하였다. 그리고 기도회가 처음 열리던 날, 정한 시간이 되기도 전에 4백여 명의 사람들이 기도에 갈급하여 예배당에 운집해 있었다. 그렇게 며칠이 지나자 기도회에 참석하는 사람이 6백여 명으로 증가했고, 서울에 서만 주간기도회에 참석하는 사람의 수가 평균 1천1백 명이었다.

믿지 않는 사람들이 무슨 일이 벌어지고 있는지 보려고 교회에 찾 아왔다가 깜짝 놀라며 소리쳤다.

"살아 계신 하나님이 여기 계시다!"

그 가련한 불신자들이, 많은 그리스도인이 보지 못하는 것을 보았 던 것이다. 주님이 "두세 사람이 내 이름으로 모인 곳에는 나도 그들 중에 있느니라"(마 18:20)라고 말씀하시지 않았는가? 하나님은 우리를 축복하기를 갈망하신다. 우리에게 성령을 부어주기를 갈망하신다.

우리가 진정으로 주님의 은혜로운 약속을 믿는다면 기도를 회피할 수 있겠는가? 만일 우리가 불신앙의 세계에 빠져 있는 수많은 길 잃은 영혼의 가련한 상태에 대해 눈곱만큼이라도 관심이 있다면 기도를 그 만둘 수 있겠는가? 우리가 정녕 생각이 없는 사람이 아니라면 더욱더 기도해야 할 것이다.

내 이름으로 무엇이든지 내게 구하면 내가 시행하리라 _요 14:14

전능하신 하나님은 분명히 말씀하셨다. 그러나 우리는 그분의 말씀 에 좀처럼 주의를 기울이지 않는다. 오히려 이교(異敎) 세계에서 회심 하여 돌아온 사람들이 우리를 심히 부끄럽게 만들곤 한다.

하늘 보물창고를 여는 열쇠

한번은 파키스탄 북부의 라왈핀디 지방을 여행한 적이 있다. 그곳에서 무슨 일이 일어났는지 아는가? 그때 마침 인도의 사역자 라마바이의 제자로 있는 소녀 몇 명이 그곳에서 야영을 하며 봉사하고 있었다. 소녀들이 그곳으로 떠나기 얼마 전, 라마바이가 소녀들에게 이렇게 말했다고 한다.

"하나님께서 이 땅에 어떤 복을 내리신다면 우리가 그 복을 받을 수 있을 것이다. 이제 그 복을 받으려면 어떻게 해야 하는지 알려달라고 하나님께 기도하자!"

그리고 어느 날, 그녀는 성경을 읽다가 "내게 들은 바 아버지의 약속하신 것을 기다리라 … 오직 성령이 너희에게 임하시면 너희가 권능을 받고"(행 1:4,8)라는 부분에 이르러 잠시 멈췄다.

"기다리라고?"

그녀가 크게 외쳤다.

"아! 우리는 기다려본 적이 있는가? 우리는 기도한 적은 있지만 어제보다 오늘 더 큰 복을 받을 것이라고 기대한 적은 한 번도 없다."

이후에 그들이 어떻게 기도했을까? 한 번의 기도회가 장장 여섯 시간이나 지속되었다. 하나님은 그들의 기도에 응답하셔서 실로 놀라운 복을 베풀어주셨다.

그녀의 제자로 있던 소녀들이 라왈핀디에서 야영하며 봉사할 때, 어떤 여성 선교사가 한밤중에 밖을 내다보다가 한 소녀의 천막에서 불꽃이 타오르는 것을 보고 깜짝 놀랐다. 밤에 천막에서 불을 피우는 것은 규례에 위배되는 행동이었다. 그녀는 소녀의 잘못을 지적하려고 부리나케 달려갔다. 그런데 거기에는 열 명의 소녀 중에서 가장 어린 열다섯 살의 소녀가 한 손에는 양초를 들고 다른 손에는 중보기도를 드릴 사람들의 명단이 적힌 종이를 든 채, 천막 귀퉁이에서 무릎을 꿇고 기도하고 있었다. 그 어린 소녀는 라마바이의 기숙학교 1천5백 명의 소녀 가운데 5백 명의 명단이 적힌 종이를 손에 들고 시간마다 그들의 이름을 불러가며 하나님께 기도했다. 이 소녀들이 가는 곳마다, 이 소녀들이 기도하는 사람마다 하나님께서 복을 주셨다는 것은 결코 신기한 일이 아니다.

내가 아는 중국의 딩 리 메이(丁立美, 20세기 초 중국의 부흥을 주도한 목회자) 목사는 1천1백 명의 학생의 이름을 기도명단에 올려놓고 기도했다. 그의 기도를 통해 그리스도께 나아간 학생의 숫자가 수백 명에 달했는데, 그들의 열정이 실로 강렬하여 그들 가운데 많은 이가 그리스도의 사역에 헌신했다.

한 사람의 기도를 통해 수많은 사람이 복을 받은 이러한 놀랍고도 감격적인 이야기를 더 나누는 것은 어렵지 않다. 그러나 그럴 필요가 없다고 생각한다. 우리는 이미 하나님께서 우리가 기도하기를 원하신다는 것을 잘 알고 있기 때문이다.

라마바이는 "만일 하나님께서 이 나라에 어떤 복을 내리신다면 우리가 그 복을 받을 수 있을 것이다"라고 했다. 그러나 우리는 한 걸음 더 나아가, "하나님께서 그리스도 안에서 어떤 복을 내리신다면 우리가 그 복을 받을 수 있을 것이다"라고 선포하자. 사도 바울은 말했다.

> 찬송하리로다 하나님 곧 우리 주 예수 그리스도의 아버지께서 그리스도 안에서 하늘에 속한 모든 신령한 복으로 우리에게 복 주시되_엡 1:3

하나님의 커다란 보물창고는 축복으로 가득하다. 오직 기도만이 그 창고의 자물쇠를 열 수 있다. 기도는 열쇠다. 믿음은 열쇠를 돌려 문을 열고 축복을 요구한다. 그리고 하나님을 보려면 올바로 기도해야 한다.

> 마음이 청결한 자는 복이 있나니 저희가 하나님을 볼 것임이요_마 5:8

결코 실패하지 않는 믿음의 기도

잘 듣기 바란다! 우리는 다시 한 번 갈림길에 도달했다. 오로지 기도를 제자리에 놓기만 하면 과거의 모든 실패와 무능력함과 불충분함과 사역에서 열매를 맺지 못한 과오가 단 한 번에 영원히 추방될 것이다. 그러니 오늘 당장 그렇게 하라. 더 편한 때가 오기를 기다리지 말라.

소유할 만한 가치가 있는 모든 것이 기도에 의해 좌우된다. 진실로 하나님은 놀라우신 분이다. 그리고 하나님에 관한 가장 경이로운 사실은, 하나님이 그분의 모든 결정권을 진실한 기도의 사람에게 맡기신다는 것이다. 온전히 정결한 심령으로 드리는 믿음의 기도는 결코 수포(水泡)로 돌아가지 않는다. 하나님은 반드시 그럴 것이라 말씀하셨다. 그러나 무엇보다 놀라운 것은, 그리스도인이 하나님의 말씀을 도무지 믿지 않거나 혹은 그것을 시험해보지 않는다는 사실이다.

그리스도가 우리의 '전부'가 되실 때, 즉 그리스도가 우리의 주와 구세주, 우리의 왕이 되실 때에 그분이 우리를 위해 기도를 드려주실 것이다. 그리고 그럴 때에 우리는 주 예수께서 우리 안에서 중보기도를 하기 위해 살아 계신다고 말할 수 있을 것이다. 그러면 이번에는 예수께서 우리의 불신앙이 아니라 믿음을 이상히 여기실 것이다. 그리고 주님이 우리의 믿음을 이상히 여기며 "내가 진실로 너희에게 이르노니 … 아무에게서도 이만한 믿음을 만나보지 못하였노라"(마 8:10)라고 말씀하실 것이다. 그리고 그때 우리의 중풍병이 능력으로 변화될 것이다.

주님은 우리에게 불을 던지러 오시지 않았는가? 우리에게 이미 불이 붙어 있지 않은가? 주님이 인도의 케드곤 마을에 사는 어린 소녀들을 들어 사용하셨던 것처럼 우리를 능력의 종으로 사용하시지 않겠는가? 하나님은 사람을 차별하는 분이 아니다. 우리가 겸손하고 진실하게 "이는 내게 사는 것이 그리스도니 죽는 것도 유익함이니라"(빌 1:21)라고 고백할 때, 하나님께서 우리 안에 그분의 강력한 능력을 나타내시지 않겠는가?

기도의 사람 하이드의 비밀

우리는 앞에서 '기도의 사람 하이드'에 대해 잠깐 언급한 적이 있다. 그의 중보기도는 실로 많은 것을 변화시켰다. 사람들은 존 하이드가 기도를 드릴 때 전율할 수밖에 없었다고 전한다. 그가 단지 주님의 이름을 부르며 "예수님! 예수님! 예수님!"이라고 간청할 때에 사람들의 내면 깊숙한 곳이 요동했고 사랑과 능력의 세례가 그들 위에 임하였다.

그러나 사람을 성결하게 하고, 성령으로 충만하게 하고, 하늘의 모든 축복을 존 하이드의 주변에 온통 끌어내린 이는 존 하이드 자신이 아니라 성령님이었다. 우리 모두가 기도의 사람 하이드가 될 수는 없는 것일까? 당신은 이렇게 말할지도 모른다.

"그렇게 되기는 힘들어요. 그는 특별한 기도의 은사를 받은 사람이었잖아요."

이 말은 옳다. 그렇다면 그가 어떻게 그러한 은사를 받았을까? 그도 한때는 우리와 똑같이 평범한 그리스도인이었다.

인간적인 관점으로 봤을 때, 그가 기도의 삶을 살게 된 것이 순전히 아버지 친구의 기도 덕분이었다는 것을 알고 있는가? 이 점을 깊이 유념하기 바란다. 이 사실이야말로 중요하다. 어쩌면 이것이 당신의 생애 전반에 가장 중대한 영향을 끼치게 될지도 모른다. 너무도 많은 것이 이 사실에 달려 있으므로 여기서 존 하이드에 대해 자세히 설명하고자 한다.

먼저 존 하이드 자신의 이야기를 인용해보자. 그는 선교사로 배를 타고 인도에 가는 중이었다.

"내 아버지의 친구들 중에 한 분은 해외 선교사가 되기를 갈망하였으나 하나님의 허락을 받지 못했다. 그런데 그 친구 분이 내가 타고 있는 배로 편지를 보냈다. 뉴욕 항을 떠난 지 몇 시간이 지나서 그 편지를 받았다. 편지에는 많은 말들이 씌어 있지 않았는데 요점인즉, '사랑하는 존, 네가 성령으로 충만해질 때까지 너를 위해 기도하기를 쉬지 않을 거야'라는 내용이었다. 순간, 화가 치밀어 올랐다. 그래서 편지를 다 읽고 난 뒤에 편지지를 꾸겨 갑판으로 던져버렸다. 과연 그 분은, 내가 성령세례를 받지 못했다고 생각하는 것인가? 아니면 내가 그러한 기본적인 채비도 갖추지 않고 인도에 선교사로 가는 것을 고려했다고 생각하는 것인가? 그러나 시간이 지나면서 차츰 올바른 판단이 나를 압도하였다. 그래서 편지를 주워 다시 읽어보았다. 어쩌면 아직 받지 못한 어떤 것이 나에게 필요한 것인지도 모른다는 생각이 들었다. 마음에서 맹렬한 싸움이 일어났다. 속절없이 갑판을 오르락내리락했다. 마음이 편하지 않았다.

나는 아버지의 친구 분을 사랑했다. 그 분이 신령한 삶을 살고 있다는 것을 잘 알고 있었다. 그러자 그 분이 옳으며, 내가 선교사로서 적합한 사람이 아니라는 확신이 마음 깊이 내려앉았다…. 그런 생각이 이틀, 사흘 동안 계속되었다. 결국 나는 완전히 비참해지고 말았다…. 그리고 마침내 깊은 절망 속에서 성령으로 충만하게 해달라고 주께 구하지 않을 수 없었다. 그렇게 하자 내 자신이 객관적으로 보이기 시작했다. 내가 얼마나 이기적인 야망을 가진 인간이었는지 비로소 보이기 시작한 것이다."

하이드는 축복을 갈구하였지만 하나님은 아직 허락하지 않으셨다. 그는 인도에 도착하여 동료 선교사 한 사람과 함께 옥외 집회를 인도했다. 이에 대하여 존 하이드는 다음과 같이 말했다.

"나의 동료 선교사가 말씀을 전했다. 그는, 예수 그리스도께서 우리를 죄에서 구해내는 진정한 구주가 되신다고 전했다. 그가 설교를 마쳤을 때, 지위가 꽤 높아 보이는 한 사람이 선교사 자신도 그렇게 구원을 받았느냐고 유창한 영어로 질문했다. 그 질문이 내 가슴을 파고들었다. 그 사람이 만약 내게 그런 질문을 했더라면 나는 아직 그리스도께 완전히 구원받지 못했다고 고백했을 것이다. 내가 그렇게밖에 고백할 수 없는 까닭은, 내 삶에 아직 제거되지 않은 죄가 남아 있기 때문이다. 나 자신은 완전히 구원받지 못했으면서, 남들에게 그리스도가 우리의 완전한 구세주가 되신다고 선포하는 것은 예수 그리스도의 이름을 수치스럽게 만드는 행위였다.

나는 방으로 돌아와 문을 잠갔다. 그리고 모든 죄(특히 너무나도 쉽게 습격하여 나를 괴롭히는 죄)를 압도하는 승리를 허락하시든지 아니면 다시 미국으로 돌아가 다른 일을 찾게 하시든지, 둘 중에 하나를 선택할 수 있게 해달라고 주께 아뢰었다. 또한 내 삶으로 복음의 능력을 입증하기 전까지는 복음을 전파하는 일을 지속할 수 없다고 주께 아뢰었다. 나는 이것이 정말로 합당한 기도라는 것을 깨달았다. 그러자 주님은 나를 모든 죄에서 구해내실 수 있으며 또 기꺼이 구해주실 것이라고 약속하셨다. 주님은 나를 죄에서 건져주셨고, 나는 이후로 그 사실을 한 번도 의심하지 않았다."

존 하이드가 '기도의 사람 하이드'가 된 것이 바로 그때였다. 우리가 능력 있는 기도의 사람이 될 수 있는 것은 오로지 주께 대한 이러한 완전한 굴복과 우리 삶에 있는 죄의 권세로부터 우리를 구해달라는 명확한 요청에 의해서만 가능하다. 그러나 내가 여기서 말하려는 요점은, 세상에 전혀 이름이 알려지지 않은 어떤 한 사람이 존 하이드를 위해 기도했고, 그 사람의 기도로 말미암아 존 하이드가 전 세계에 '기도의 사람'으로 알려지는 크나큰 축복을 받게 되었다는 것이다.

주께 온전히 굴복하고 있는가?

친애하는 독자여! 조금 전에 당신은 '나는 기도의 사람 하이드처럼 될 가망이 없어!'라고 속으로 외쳤는지 모른다. 물론 우리 모두가 기도에 많은 시간을 바칠 수 있는 것은 아니다. 우리는 신체적인 이유나 혹은 다른 이유로 인해 지속적인 기도를 드리지 못할 수도 있다. 그러나 우리 모두가 존 하이드의 기도의 정신만은 가질 수 있다고 생각한다. 그리고 아버지의 친구 한 사람이 하이드를 위해 기도한 것처럼 우리도 누군가를 위해 기도할 수 있지 않을까?

우리는 누군가를 축복해달라고 기도할 수 없는가? 목회자나 친구나 가족을 축복해달라고 기도할 수 없는가? 그렇게 하기만 한다면 하나님께서는 우리에게 참으로 큰 사역을 맡겨주실 것이다. 그러나 그렇게 하려면 존 하이드가 그랬던 것처럼 주께 온전히 굴복해야 한다. 당신은 주께 온전히 굴복하고 있는가? 기도의 실패는 마음의 결함에서 기인한다. 오직 마음이 청결한 사람만이 하나님을 볼 수 있다(마 5:8). 그리고 오직 "주를 깨끗한 마음으로 부르는 자들"(딤후 2:22)만이 기도에 응답해달라고 주께 요구할 수 있다.

이 글을 읽는 모든 사람이 지금 당장 성령의 충만을 구하기만 한다면 놀라운 부흥이 일어날 것이며, 하나님의 강력한 복을 받을 것이다.

하나님께서는 진정으로 당신이 기도하기를 원하신다. 소유할 만한 가치가 있는 모든 것이 기도에 달려 있다. 그 이유를 알고 있는가? 거기에는 몇 가지 이유가 있다. 그러나 이번 장을 다 읽고 나면 한 가지 이유가 명백하고 생생하게 나타날 것이다. 즉 하나님께 구했는데도 응답을 받지 못하면 우리에게 잘못이 있다는 것이다. 응답을 받지 못하는 기도는 우리 마음에 잘못된 것이 있는가 살펴보라는 경종이다. "내 이름으로 무엇이든지 내게 구하면 내가 시행하리라"(요 14:14)라고 주님이 명료하게 약속하고 계신다.

그러므로 기도할 때, 우리는 하나님을 시험하는 것이 아니라 우리 자신의 영적인 삶을 시험하는 것이다.

예수님,

주께 더욱 가까이 가게 하소서.

날마다 더욱 가까이 가게 하소서.

예수님,

주를 더욱 굳게 의지하게 하소서.

언제나 더욱 굳게 의지하게 하소서.

THE KNEELING CHRISTIAN

03

1. 더 많이 기도하라.

당신은 무엇을 찾고 있는가? 당신 인생의 진정한 목표는 무엇인가? 무엇보다 우리는 하나님의 일에 풍성한 열매를 맺기를 소망하고 있다. 우리는 지위나 명예나 권세를 구하지 않는다. 대신 열매를 맺는 종이 되기를 갈망한다. 그렇다면 우리는 반드시 많이 기도해야 한다. 하나님은 우리의 전도를 통해서보다 기도를 통해 훨씬 더 많은 일을 하실 수 있다. "기도한 후에는 기도하는 것보다 더 큰 일을 할 수 있지만 기도하기 전까지는 기도하는 것보다 더 큰 일을 결코 할 수 없다."

2. 기도는 하늘 보물창고를 여는 열쇠이다.

하나님의 커다란 창고는 축복으로 가득하다. 오직 기도만이 그 창고의 자물쇠를 열 수 있다. 기도는 열쇠이다. 믿음은 열쇠를 돌려 문을 열고 축복을 요구한다. 우리가 순전한 마음으로 기도에 집중하기만 하면 과거의 모든 실패와 무능력함과 불충분함과 사역에서 열매 맺지 못한 과오가 단 한 번에 영원히 추방될 것이다. 소유할 만한 가치가 있는 모든 것이 기도에 의해 좌우된다.

3. 기도의 실패는 마음의 결함에서 기인한다.

오직 마음이 청결한 사람만이 하나님을 볼 수 있다. 그리고 오직 '주를 깨끗한 마음으로 부르는 자들'만이 기도에 응답해달라고 주께 요구할 수 있다. 하나님께서 우리가 구하였는데도 주시지 않는 것은 우리에게 잘못이 있음을 깨우쳐 주시기 위함이다. 기도 응답을 받지 못하는 것은, 우리 마음을 살펴 잘못된 것이 있음을 확인하라는 강력한 촉구이다.

너희가 내 이름으로 무엇을 구하든지 내가 시행하리니
이는 아버지로 하여금 아들을 인하여 영광을 얻으시게 하려 함이라 요 14:13

하나님을 시험해보라,
응답하리라

하나님은 우리에게 분명한 약속을 주신 후에라도 그분을 시험해보도록 허락하신다.
이것이 우리에게 엄청난 위로가 된다.

기드온의 시험

"하나님은 정말로 기도에 응답하시는가?"

이는 사람들의 입에 자주 오르내리는 질문이며, 사람들의 마음 깊은 곳에 더욱 자주 출몰하는 질문이기도 하다. 기도는 정말로 유용한 것인가?

어쨌든 우리는 기도하지 않을 수 없다. 그러나 이교(異敎)를 신봉하는 야만인조차도 위험과 재난을 만났을 때에 누군가에게 혹은 무엇인가에 도움을 청하며 울부짖는다. 그런데 진실한 마음으로 기도를 믿는 우리는 곧 또 다른 질문에 봉착한다.

"하나님을 시험하는 것이 옳은 일인가?"

게다가 그 이상의 생각이 우리 마음을 스치고 지나간다.

"내가 감히 하나님을 시험할 수 있는가?"

기도생활의 실패가 '종종' ('언제나' 라고 해도 무관하지 않을까?) 영적 생활의 실패에서 기인한다는 것은 의심의 여지가 없다. 너무나 많은 그리스도인이 기도의 가치와 효력에 대해 마음에 지독한 불신을 품고 있다. 믿음이 없으면 기도는 헛되고 무익한 것이다.

표적을 구하라고? 하나님을 시험하라고? 아! 사람들을 설득하여 하나님을 시험하도록 할 수만 있다면 좋으련만! 그 이유가 무엇인가? 하나님을 시험하는 것이, 하나님을 믿는 우리 자신의 믿음과 거룩한 삶에 더없는 시험이 되기 때문이다. 기도는 참된 경건을 분별할 수 있는 시금석이다.

하나님은 우리의 기도를 필요로 하신다. 우리의 기도를 귀하게 여기신다. 우리는 기도가 이루어지지 않았을 때, 오로지 우리 자신을 탓해야 한다. 그러나 이 말이, 능력 있는 기도는 언제나 구한 그대로 받는다는 것을 의미하는 것은 아니다. 성경은 우리에게 하나님을 시험하도록 허락을 받았다고 가르친다. 구약의 기드온의 경우는 우리의 믿음이 비틀거릴 때에라도 하나님께서 우리의 믿음을 높이 평가하신다는 점을 보여준다. 하나님은 우리에게 분명한 약속을 주신 후에라도 그분을 시험해보도록 허락하신다. 이것이 우리에게 엄청난 위로가 된다.

기드온은 하나님께 여쭈었다.

주께서 이미 말씀하심같이 내 손으로 이스라엘을 구원하려 하시
거든 보소서 내가 양털 한 뭉치를 타작마당에 두리니 이슬이 양
털에만 있고 사면 땅은 마르면 주께서 이미 말씀하심같이 내 손
으로 이스라엘을 구원하실 줄 내가 알겠나이다 _삿 6:36,37

이튿날 아침, 양털을 취하여 이슬을 짜니 물이 그릇에 가득했다. 하
지만 기드온은 거기서 만족하지 않았다. 그는 감히 하나님을 또다시
시험하여, 이번에는 양털은 마르고 땅만 젖게 해달라고 구했다. 그러
자 하나님께서 그대로 행하셨다(삿 6:38-40).

전능하신 하나님께서 일개의 우유부단한 인간이 해달라고 구한 그
대로 시행하신 것이다! 세상에 이보다 더 경이로운 일이 있을까? 우리
는 이 대목을 읽을 때, 이것이 간덩이가 부은 한 인간의 무모함인지 아
니면 하나님의 겸양(謙讓)인지 잘 몰라 어리둥절해한다.

물론 이 기사(記事)에는 눈에 보이는 것 그 이상의 무언가가 있다. 아
마 기드온은 양털이 자신을 나타낸다고 생각했을 것이다. 하나님께서
기드온을 성령으로 채워주시면, 그는 틀림없이 구원을 받을 것이었
다. 그러나 기드온은 양털에서 이슬을 짜면서 자기 자신을 물에 젖은
양털과 비교하기 시작했다.

"나는 이 양털과 너무나 다르지 않은가? 하나님은 구원을 약속하셨
어. 하지만 내가 하나님의 영으로 충만해졌다는 게 느껴지지 않아. 하
나님의 강력한 능력이 내 안으로 흘러들어오는 것 같지가 않단 말이

야. 내가 정말 이 과업에 적합한 인물일까?"

아니다. 어느 누구도 하나님의 일에 적합한 인간은 없다. 그분의 일을 하는 장본인은 인간이 아니라 하나님이시다. 기드온은 그것을 알지 못했다. 그래서 다시 아뢰었다.

"오! 하나님, 양털을 메마르게 하소서. 제가 초자연적인 능력을 체험하지 못하더라도, 영적인 축복의 충만함을 느끼지 못하고 오히려 양털처럼 메마르다는 것만 느낄지라도, 제 손으로 이스라엘을 구원할 수 있겠습니까? 그래도 여전히 역사하실 수 있사옵니까?"

[이런 점에서, 그가 "주여 내게 진노하지 마옵소서"(39절)라는 말로 기도를 시작했다는 것은 그리 놀랄 일이 아니다] 그러자 하나님께서 기드온이 구하는 대로 시행하셨다.

> 이 밤에 하나님이 그대로 행하시니 곧 양털만 마르고 사면 땅에
> 는 다 이슬이 있었더라 _삿 6:40

그렇다. 이 기사에는 언뜻 보이는 것 이상의 심오한 의미가 담겨 있다. 우리 자신의 경우도 이와 같지 않은가? 사탄은 우리 영혼이 양털처럼 메말랐기 때문에 기도 응답을 받을 수 없다고 설득한다. 그러나 기도 응답은 우리의 느낌에 달려 있는 것이 아니라 약속하신 하나님의 신실하심에 달려 있다. 나는 여기서 하나님의 말씀에 대한 기드온의 반응을 우리 모두의 표준적인 행동 지침으로 삼아야 한다고 주장

하려는 것이 결코 아니다. 기드온의 반응은 하나님의 말씀을 신뢰하지 못하여 주저하는 듯한 인상을 준다. 사실 그의 방식은 하나님을 의심하는 것 같은 느낌마저 준다. 하나님은 우리가 그분을 부분적으로만 믿는 믿음을 나타내 보일 때, 정말로 슬퍼하신다.

기드온의 방식보다 더 좋고, 더 높고, 더 안전한 방법은 바로 '의심하지 않고 구하는 것'이다. 하지만 하나님께서 기드온에게 하나님을 시험하도록 허락하셨다는 사실은 우리에게 여전히 큰 위로가 된다.

베드로의 시험

기드온의 경우 외에 하나님을 시험했던 사례는 더 있다. 그 중에 가장 놀라운 예는 갈릴리 호수를 배경으로 한다. 베드로는 주님을 시험한 적이 있다. 바다 위로 걸어오시던 예수님은 제자들을 향해 말씀하셨다.

안심하라 내니 두려워 말라 _마 14:27

그러자 베드로는 "주여, 만일 주시어든…"이라고 말했다.

베드로가 대답하여 가로되 주여 만일 주시어든 나를 명하사 물 위로 오라 하소서 한대 오라 하시니 베드로가 배에서 내려 물 위로 걸어서 예수께로 가되 _마 14:28,29

하지만 베드로의 믿음은 아무 도움이 되지 않았다. 적은 믿음은 너무나 자주 그리고 빠르게 의심으로 바뀐다. 그러나 예수님은 베드로가 물 위로 걸어온다고 꾸짖지 않으셨다. 이 사실을 기억하는 것이 중요하다. 주님은 "왜 내게 왔느냐?"라고 하며 베드로를 꾸짖지 않으셨다. 대신 이렇게 꾸짖으셨다.

믿음이 적은 자여 왜 의심하였느냐_마 14:31

어쨌든지 하나님을 시험하는 것은 최선의 방도가 아니다. 하나님께서 기도에 관한 약속을 많이 해주셨고, 또한 그분이 기도에 응답할 만한 능력을 갖고 계시며 우리의 기도를 기꺼이 들어주심을 충분히 입증해주셨다. 그러므로 우리는 표적과 기사를 구하기를 주저해서는 안 된다. 그러나 우리는 '전능하신 하나님께서 그분을 시험하라고 명하지 않으셨는가?'라고 생각해볼 수도 있다. 하나님께서 직접 이렇게 말씀하지 않으셨는가?

만군의 여호와가 이르노라 너희의 온전한 십일조를 창고에 들여 나의 집에 양식이 있게 하고 그것으로 나를 시험하여 내가 하늘 문을 열고 너희에게 복을 쌓을 곳이 없도록 붓지 아니하나 보라_말 3:10

실제로 시험을 치르는 것은 우리 자신이다

그렇다. 하나님께서는 "나를 시험해보라"라고 말씀하신다. 그러나 하나님을 시험함으로써 실제로 시험을 치르는 것은 우리 자신이다. 우리가 기도했는데도 하늘 문이 열리지 않고, 차고 넘치는 축복이 내려오지 않는다면 그 까닭은 오직 하나, 우리가 온전한 십일조를 드리지 않았기 때문이다. 하나님께 모든 것을 내려놓을 때, 주님의 곳간에 온전한 십일조를 들여놓을 때에 하나님을 시험할 필요가 전혀 없는 그런 축복을 발견하게 될 것이다. 우리의 기도가 응답받지 못한 까닭이 무엇인지 궁금해질 때에 유념해야 할 것이 바로 이 부분이다.

모든 그리스도인이 이렇게 자문해봤으면 좋겠다.

"나는 기도를 명확하게 시험해본 적이 있는가?"

당신이 구체적인 기도를 드려본 적이 언제인가? 사람들은 설교나 집회 시간 또는 자신과 남들의 사명을 축복해달라고 기도한다. 그리고 때로는 그렇게 해서 확실한 축복을 받는다. 그것은 다른 사람이 그들과 더불어 하나님께 간구하고 있기 때문이다.

당신은 고통으로부터의 해방이나 질병의 치유를 위해 기도한다. 그러나 하나님을 모르는 사람, 곧 그 누구의 기도도 받지 않고 있는 것처럼 보이는 불신자가 질병에서 회복되고 그것도 모자라 때로는 기적적인 방법으로 고침을 받기도 한다. 그럴 때 우리는 우리 자신을 위해 전혀 기도하지 않아도 질병에서 회복될 수 있다고 느끼기도 한다. 그래서인지 몰라도, 많은 사람들이 생활 속에서 구체적인 기도 응답을 명확하게 발견하지 못하는 것 같다.

하나님은 그 자녀의 간청을 들어주시며 기뻐하신다. 그러나 대부분의 하나님의 자녀는 불명확하고 애매모호한 기도를 함으로 말미암아 하나님께 그러한 기회조차 드리지 않고 있다. 그들은 자신이 아침에 무엇을 구하였는지, 저녁에 기억하지 못한다. 이런 까닭에, 하나님의 자녀의 기도가 날마다 특정 어구(語句)를 기계적으로 반복하는 단순한 형식으로 굳어지고 있다는 것은 결코 놀랄 일이 아니다.

진지하게 고려해보아야 할 점이 또 하나 있다. 당신은 기도가 응답되었다고 마음에 확실한 증거를 가진 적이 있는가? 기도의 사람과 가깝게 지내는 이들은 기도의 사람이 응답을 받았을 때 깜짝 놀랄 것이다. 왜냐하면 기도의 사람이 구한 것을 소유하기 훨씬 전에, 그에게 기도 응답의 확신과 은혜가 임하는 것을 목격할 수 있기 때문이다. 기도의 용사는 종종 "내 영혼에 평화가 내려왔다. 이미 기도가 응답되었음을 확신한다"라고 말하곤 한다. 그런 다음, 그는 기도가 응답되었음에 하나님께 감사를 드린다. 그리고 결국에는 그의 확신이 절대적으로 옳았다는 것이 입증된다.

예수께서는 하나님이셨지만 이 땅에서 인간으로서 성령을 의지하며 사셨다. 그리고 기도에 대한 분명한 확신을 가지셨다. 우리는 이 사실을 늘 명심해야 한다.

구체적으로 구한 뒤에 응답받은 것을 확신하라

예수님은 나사로의 무덤 앞에 서서 시체를 향해 나오라고 말씀하시기 전에 다음과 같이 기도하셨다.

> 아버지여 내 말을 들으신 것을 감사하나이다 항상 내 말을 들으
> 시는 줄을 내가 알았나이다 _요 11:41,42

예수님은 왜 미리 이런 감사의 기도를 드리신 것일까? 주님이 성경을 통해 직접 대답하신다.

> 그러나 이 말씀 하옵는 것은 둘러선 무리를 위함이니 곧 아버지
> 께서 나를 보내신 것을 저희로 믿게 하려 함이니이다 _요 11:42

예수 그리스도께서 우리 안에 거주하신다면, 성령께서 마땅히 빌어야 할 바를 가르쳐주신다면, 우리가 성령으로 기도한다면(유 20절) 아버지께서 우리의 기도를 들으신다는 것을 어찌 모를 수 있겠는가? 그리고 주변 사람들이 우리가 예수님의 증인(證人)이라는 것을 어찌 알아보지 못하겠는가?

기도의 사람은 성경의 약속에 근거하여 하나님의 뜻을 얻기 위하여 그분 앞에서 악전고투(惡戰苦鬪)한다. 그는 몇 시간, 심지어 며칠씩 기도한다. 그러다가 갑자기 성령께서 그의 요청이 받아들여졌음을 분명

하게 알려주신다. 그러면 그는 더 이상 그 문제로 하나님께 간구하지 않아도 됨을 확신한다. 이것은 마치 "네 기도를 듣고 네 마음의 소원을 이루어주었다"라는 하나님의 음성과 같다. 특별한 누군가만 이런 체험을 하는 것이 아니다. 기도를 삶의 기반으로 삼고 있는 그리스도 인 모두가 이러한 체험의 증인이 된다. 그리고 이것은 그들의 생활에서 일회적으로 나타나지 않고 계속적으로 되풀이되어 나타난다.

그런 다음, 기도는 행동에게 자리를 내어준다. 하나님은 모세에게 기도하기보다 행동하기를 요구하셨다.

> 너는 어찌하여 내게 부르짖느뇨 이스라엘 자손을 명하여 앞으로
> 나가게 하고 _출 14:15

하나님께 크게 쓰임을 받은 조나단 고포드(Jonathan Goforth, 캐나다 태생의 중국 선교사)는 하나님께서 그의 간구를 들어주셨다는 것을 자주 확신하였다. 그는 기도를 드린 후에 이렇게 외쳤다.

"하나님께서 내 기도에 응답하셨다는 것을 알았다. 하나님께서 문을 열어주시리라는 뚜렷한 확신을 받았다."

왜 우리는 이런 말을 듣고 놀라야 하는가? 예수님은 말씀하셨다.

> 너희가 나의 명하는 대로 행하면 곧 나의 친구라 이제부터는 너
> 희를 종이라 하지 아니하리니 종은 주인의 하는 것을 알지 못함

이라 너희를 친구라 하였노니 _요 15:14,15

예수님은 친구인 우리에게 자신의 계획과 의도를 알려주신다. 당신은 이것이 놀랄 일이라고 생각하는가?

이 대목에서 살며시 고개를 쳐드는 질문이 있다. 하나님은 선택을 받은 소수의 성인(聖人)만 이러한 체험을 하도록 허락하셨는가? 아니면 모든 성도가 이와 같은 믿음을 가지고 기도가 응답되었다는 사실을 확신하기를 바라시는가?

하나님은 사람을 차별하시는 분이 아님을 우리는 잘 알고 있다. 그래서 참된 성도는 누구나 하나님의 마음과 뜻을 함께 나눌 수 있다는 것도 잘 알고 있다. 우리가 하나님의 명령을 행하면 우리는 하나님의 친구가 된다. 그 명령 중에 하나가 바로 기도이다. 구세주께서는 제자들에게 "하나님을 믿으라"(이를 문자적으로 번역하면, "하나님의 믿음을 가져라"가 된다)라고 부탁하신 뒤에, 누구든지 산을 향해 "벌떡 일어나서 바다에 빠져라"라고 말하고 의심하지 않으면 그대로 이루어질 것이라 선언하셨다. 그런 다음 "무엇이든지 기도하고 구하는 것은 받은 줄로 믿으라 그리하면 너희에게 그대로 되리라"(막 11:24)라고 약속하셨다.

진정한 기도의 사람이 생활 속에서 반복해서 체험하는 것이 바로 이것이다. 물론 믿지 않는 사람은 이것을 이해하지 못한다. 어중간하게 믿는 사람은 당황한다. 그러나 예수님은 우리가 주님의 제자이며, 예수님이 아버지께로부터 보냄을 받은 것처럼 우리 또한 주님으로부터 보냄을 받았다는 것(요 20:21)을 알기를 바라신다. 우리가 서로 사랑하면, 세상도 우리가 주님의 제자인 것을 알게 될 것이다(요 13:35). 그러나 그 사실을 입증할 수 있는 또 다른 증거가 있다. 그것은 바로, 하나님께서 항상 우리의 말을 들어주신다는 것을 우리가 알면, 세상이 그것을 보고 우리가 주님의 제자인 것을 믿게 된다는 것이다(요 11:42).

조지 뮬러의 믿음

아마 이쯤에서 조지 뮬러(George Müller, 1805~1898. '기도가 전부 응답된 사람'으로 잘 알려진 독일 태생의 영국 사역자)의 놀라운 기도의 삶을 회상하는 사람이 있을 것이다.

한번은 그가 캐나다의 퀘벡에서 영국의 리버풀로 건너가면서 뉴욕에 들른 적이 있었다. 그는 배달지 주소를 직접 기입한 의자 하나가 증기선의 출발 시간에 맞추어 뉴욕 항에 도착하게 해달라고 구체적으로 기도했다. 그리고 그는 하나님께서 그의 간구를 들어주셨다고 확신했다. 부속선이 여객들을 증기선으로 데려가기 30분 전이 되었을 때, 수하물 계원이 뮬러를 찾아왔다. 그 계원은 아직 의자 비슷한 물건도 도착하지 않았으며, 아마도 증기선이 출발하는 시간에 맞추어 올 것 같지 않다고 말했다. 당시 뮬러 부인은 멀미가 극심하여 의자가 없이는 여행할 처지가 못 되었다. 근처 가구점에서 의자를 구입하는 것이 어떻겠느냐고 누군가가 권유했지만 뮬러의 마음은 요지부동(搖之不動)이었다. 오히려 그는 이렇게 대답했다.

"우리에게 의자를 주시는 것을 기쁘게 여겨달라고 하나님께 특별히 구하였으니 하나님께서 그렇게 해주실 것이라 믿습니다."

자신의 믿음이 결코 그릇된 것이 아니며 또한 자신의 기도가 불발(不發)로 그치지 않을 것이라 확신하면서 그는 부속선에 올라탔다. 그런데 부속선이 출발하기 직전, 트럭 한 대가 부두에 당도했다. 트럭 화물 맨 위쪽에는 뮬러의 의자가 실려 있었다. 의자는 부속선에 급히 실렸고, 뮬러에게 의자를 구입하라고 권유했던 사람이 그 의자를 받았다. 그 사람이 의자를 전해줄 때, 뮬러는 조금의 놀라는 기색도 없이 조용히 모자를 벗고 하늘에 계신 아버지께 감사의 기도를 드렸다. 기도의 사람 뮬러에게는 그러한 응답이 놀라운 게 아니라 매우 자연스러운 일이었다.

하나님께서 뮬러 주변에 있던 사람들과 우리에게 깨달음을 주시기 위해 일부러 의자의 도착을 마지막 순간까지 지연(遲延)시킨 것이라는 생각이 들지 않는가? 의자의 도착이 지연되지 않았더라면 우리가 뮬러의 그러한 믿음에 대해 듣지 못했을 것이니 말이다.

하나님은 우리를 설득하여 기도하게 만들고 또 그분을 신뢰하도록 만들기 위해 할 수 있는 모든 것을 다 하신다. 그러나 우리는 좀처럼 따르지 않는다. 우리가 믿음이 부족하여, 기도가 모자라 얼마나 많은 것을 놓치고 있는지 알고 있는가?

응답받는 기도의 방법을 알지 못하는 사람은 하나님과 진정으로 깊이 교제할 수 없다.

하나님을 시험하고 또 시험한 선교사

하나님께서는 우리가 그분을 시험해보기를 바라신다. 이 말을 믿지 못하겠거든 《전대나 주머니를 가지지 말라》라는 제목의 소책자를 읽어보기 바란다. 이 책의 저자 에이미 카마이클(Amy Carmichael, 1867~1951. 북아일랜드에서 태어나 55년 동안 인도에서 사역한 여성 선교사)은 하나님을 시험하고 또 시험해보았다고 전해진다. 이 책을 읽다 보면 그녀가 하나님을 여러 번 시험하도록 인도를 받은 것이 결코 우연이 아니라는 인상을 받는다. 정말로 하나님의 손이 그녀를 이끌었던 것일까?

예를 들어보자. 한번은 그녀가 좋지 못한 행실에 빠진 인도의 한 소녀를 구할 일이 생겼다. 그 아이를 구하는 데에는 자그마치 1백 루피의 돈이 필요했다. 그 돈은 수많은 소녀를 도울 수 있는 액수와 맞먹었다. 그래도 그 돈을 들여 소녀를 구하는 것이 지혜로운 행동일까? 그 돈을 단 한 명을 위해 몽땅 써버리는 것이 과연 옳은 선택일까?

카마이클은 한 명의 소녀에게 1백 루피를 쓰는 것이 하나님의 뜻이라면 더도 덜도 아닌 딱 1백 루피의 돈을 보내달라고 기도하라고 성령께서 이끄시는 것을 느꼈다. 그녀는 그렇게 기도했고, 마침내 누군가가 정확히 1백 루피의 돈을 보내왔다. 돈을 보낸 사람은, 수표 액면에 우수리 금액을 기재하고 싶었으나 무엇인지 모를 강압 때문에 정확히 1백 루피만 기재하였다고 설명했다.

카마이클 선교사는 그때부터 15년 동안 하나님을 시험하고 또 시험했다. 그리고 하나님은 언제나 그녀를 실망시키지 않으셨다. 이에 대해 그녀는 다음과 같이 말했다.

"지난 15년 동안 미납한 청구서가 단 한 장도 없었으며, 어려운 사정을 사람들에게 말한 적도 없었다. 그리고 우리가 수행하는 모든 선한 일에 부족함이 없었다. 한번은 구할 때에 어떤 일이 일어나는지 보여주기라도 하듯, 하나님께서 25파운드의 돈을 전신환으로 보내주기도 하셨으며, 때로는 정거장의 와자지껄한 군중 속에서 어떤 사람이 불쑥 나타나 꼭 필요했던 액수의 돈을 손에 쥐어주고는 신분도 밝히지 않은 채 군중 속으로 사라지기도 했다."

놀랍지 않은가? 그렇다. 실로 놀랍다. 사도 요한은 다음과 같이 성령으로 고백했다.

그를 향하여 우리의 가진 바 담대한 것이 이것이니 그의 뜻대로 무엇을 구하면 들으심이라 우리가 무엇이든지 구하는 바를 들으시는 줄을 안즉 우리가 그에게 구한 그것을 얻은 줄을 또한 아느니라 _요일 5:14,15

당신에게는 이러한 담대함과 확신이 있는가? 그렇지 않다면 그 이유는 무엇인가?

우리는 정말 하나님 말씀을 믿는가?

이것을 놀라움으로 받아들인다면 우리의 믿음이 부족함을 드러내는 것이다. 하나님께는 기도 응답이 지극히 자연스러운 일이다. 그분께는 그것이 특별하지 않고 지극히 범상(凡常)한 일인 것이다.

그러나 너무나 많은 사람이 하나님을 믿지 않고 있는 것이 사실 아닌가? 이 사실을 숨기려고 애쓰지 말자. 정직하게 인정하자. 이 사실에 대해 솔직해지는 것이 좋다.

하나님을 사랑한다면 기도해야 한다. 우리가 기도하기를 하나님께서 원하시며 또한 기도하라고 명하시기 때문이다. 우리가 진정으로 주님을 믿는다면 기도하지 않을 수 없고, 또한 기도하지 않고서는 우리 스스로 아무것도 할 수 없기 때문에 기도하게 될 것이다.

사랑하는 그리스도인이여! 우리는 하나님을 믿는다. 또한 하나님의 독생자를 믿는다(요 3:16). 그러나 우리는 하나님의 말씀을 믿는가? 하나님께서 말씀하신 그 모든 것을 믿을 만큼 우리는 그리스도인의 삶에서 충분히 앞으로 나아갔는가? 이러한 질문을 듣는 것이 모욕적으로 느껴지지 않는가? 그러나 하나님의 말씀을 진실로 믿는 그리스도인을 거의 찾아볼 수 없는 것이 현실 아닌가?

하나님, 저희를 용서하옵소서!

당신이 하나님 말씀을 신뢰하기보다 주변 사람의 말을 더 쉽게 믿고 있다는 깨달음이 불현듯 뇌리를 스친 적은 없는가? 그러나 우리가 하나님의 말씀을 믿을 때에 하나님께서는 우리 안에서 그리고 우리를 통하여 실로 놀라운 은혜의 이적(異蹟)을 베풀어주신다.

이 세상에 생존했던 사람 가운데, 신약성경에서 아브라함처럼 "그가 하나님을 믿으매"라고(롬 4:3; 갈 3:6; 약 2:23) 세 차례나 언급된 인물은 없을 것이다. 아브라함은 큰 숭앙과 존경을 받은 인물이다.

> 아브라함이 하나님을 믿으매 이것이 저에게 의로 여기신 바 되었
> 느니라 _롬 4:3

오늘날 그리스도인과 유대인과 이슬람인이 마치 경쟁이라도 하듯 이 아브라함의 이름을 높이고 있지 않은가? 그리스도 예수를 믿는 모든 그리스도인에게 간곡히 청할 것이 있다. 그것은 바로, "나는 내게 말씀하신 그대로 되리라고 하나님을 믿노라"(행 27:25)라고 말할 수 있을 때까지 결코 쉬지 말라는 것이다.

단순한 믿음

하나님을 시험하는 것에 관한 논의를 끝내기 전에 한 가지 짚고 넘어가고 싶은 게 있다. 그것은 바로, 때로는 하나님께서 우리를 이끌어 그분을 시험하도록 하신다는 점이다. 하나님은 카마이클 선교사의 마음을 이끌어, 그녀가 보기에는 전혀 필요하지 않은 것을 구하도록 하셨다. 그녀는 성령께서 구하라고 다그치시는 것을 느꼈다. 그리고 그녀는 기도 응답을 받았을 뿐 아니라 그 응답이 측량할 수 없는 은혜임을 입증했다. 그렇다. 아버지께서는 우리가 원하든지 원하지 않든지 우리에게 무엇이 필요한지 이미 알고 계시다(마 6:8). 하나님께

서 여호수아에게 말씀하신 것처럼 우리에게도 지금 동일하게 말씀하고 계시다.

　　내가 너를 떠나지 아니하며 버리지 아니하리니 _수 1:5

　물론 에이미 카마이클도 특별히 필요한 것을 다른 사람에게 알리고픈 충동을 종종 받았을 것이다. 그러나 그럴 때마다 언제나 "내가 알고 있나니 그것으로 족하다"라는 하나님의 음성이 들려와 그녀는 내적인 확신을 얻었다. 그리고 그녀가 이렇게 하나님만을 의지했을 때, 그분께서 영광을 받으셨다.

　제1차 세계대전이 발발했을 때 그녀의 사역을 지켜보던 믿지 않는 사람들은 "저들의 하나님이 저들을 먹이신다"라고 말하곤 하였으며, 세속적인 어떤 사람은 "당신들의 하나님이 기도를 들으신다는 것은 세상에 이미 다 알려진 사실 아닙니까?"라고 말하기도 했다.

　그녀의 단순한 믿음으로 하나님께서 얼마나 큰 영광을 받으셨던가! 그런데 왜 우리는 하나님을 믿지 않는 것일까? 왜 하나님 말씀을 있는 그대로 받아들이지 않는 것일까? 누군가 당신을 향하여 "저는 당신의 기도가 응답된다는 것을 알고 있습니다"라고 말한 적이 있는가?

　전 세계의 그리스도인들이여! 잘 듣기 바란다. 이제 내가 하는 말을 모든 사람의 귀에 전하여 그들의 심령을 각성시키기를 바란다. 그대들에게 하고 싶은 말은, 방금 앞에서 말한 무릎 꿇는 그리스도인의 믿음과 같은 강인한 믿음을 우리가 소유하는 것이 하나님의 간절한 소망이요 사랑이 충만하신 예수 그리스도의 간절한 염원이라는 것이다.

우리 아버지께서는 우리가 단 한 순간이라도 걱정하거나 필요가 채워지지 않기를 원하지 않으신다. 우리의 필요와 요구사항이 제아무리 크고 많다고 하더라도 하나님께서 명하신 방법을 따라 그분을 시험하기만 하면 하나님이 부어주시는 복은 쌓을 곳이 없도록 넘칠 것이다(말 3:10).

"주께 고함 없는 고로 복을 얻지 못하네 사람들이 어찌하여 아뢸 줄을 모를까"(찬송가 487장, '죄짐 맡은 우리 구주').

아니면 우리가 하나님께 고하면서도 하나님 말씀을 믿지 않아 복을 얻지 못하는 것인지도 모른다. 왜 우리는 하나님을 신뢰하는 게 그리 어렵다고 생각하는 것일까? 하나님은 우리를 실망시킨 적이 없으시다. 정결한 마음으로 드리는 모든 간구를 들어주시겠다고 말씀하고 또 말씀하고, 다시 또 말씀하지 않으셨는가?

"내게 구하라!", "기도하라!", "나를 시험해보라!" 무엇이든지 주님의 이름으로 구하면 시행하겠다(요 14:14)고 말씀하시지 않았는가? 무엇이든지 아버지께 구하는 것은 예수의 이름으로 주실 것(요 16:23)이라고 약속하시지 않았는가? 성경은 기도에 대한 놀라운 응답으로 가득하다. 그러나 어찌된 일인지 우리의 믿음은 우리에게 유익을 주지 못한다. 그리고 우리는 하나님을 신뢰하지 않음으로써 그분의 이름을 더럽히고 있다.

우리의 믿음이 좀 더 단순해진다면, 하나님 말씀을 있는 그대로 받아들인다면, 우리의 삶은 주님의 너그러움 가운데 해같이 빛날 것이다.

그러나 우리의 믿음이 단순해지고 또 온몸이 밝아지려면 우리의 눈이 순전해야 한다(마 6:22). 오직 그리스도만을 인생의 유일무이(唯一無二)한 주인으로 섬겨야 한다. 하나님과 재물을 겸하여 섬기려고 애쓰면 근심과 걱정에서 해방될 것이라 기대할 수 없다(마 6:24).

우리는 승리의 삶으로 다시 돌아가야 한다. 우리가 우리 자신을 "하나님이 기뻐하시는 거룩한 산 제사"(롬 12:1)로 드릴 때, 우리가 우리 "지체를 의에게 종으로 드려 거룩함"(롬 6:19)에 이를 때, 하나님께서 우리에게 자신을 나타내실 것이며 하나님의 모든 충만하신 것으로 우리를 충만하게 하실 것이다(엡 3:19).

하나님은 기도에 응답하실 수 있을 뿐 아니라 실제로 응답하신다는 것을 믿는 것이 '참 믿음'임을 명심하자. 우리는 질편하게 게으름을 피우며 기도에 굼뜰 수 있다. 그러나 실로 놀라운 말씀을 들어보자.

주의 약속은 어떤 이의 더디다고 생각하는 것같이 더딘 것이 아니라 오직 너희를 대하여 오래 참으사 아무도 멸망치 않고 다 회개하기에 이르기를 원하시느니라 _벧후 3:9

인도의 남부 지방 도나부르에서 사역했던 선교사 에이미 카마이클은 '하나님을 시험하는 것'과 관련하여 여러 간증을 했다. 그 가운데 가장 놀라운 것은 아마 다음 간증이 아닐까 생각한다.

어느 날, 그녀는 인근 구릉지대에 있는 휴양소 한 채를 매입하는 문제에 봉착했다.

'이것이 과연 옳은 일일까? 오직 하나님만이 결정하실 수 있다.'

그래서 그녀는 아주 많이 기도했다. 그리고 마침내, 그 건물을 매입하는 것이 하나님의 뜻이라면 정확히 1백 파운드의 금액을 보내달라고 기도하게 되었다. 그러자 하나님께서 즉시 1백 파운드의 돈을 보내주셨다. 그러나 그녀는 여전히 망설였다. 그로부터 2개월 후, 그녀는 그 집을 매입하는 것을 승인하신다면 이전과 동일한 징표로 정확히 1백 파운드의 금액을 다시 보내달라고 구하였다. 바로 그날 1백 파운드짜리 수표가 도착했다. 그래도 그녀는 일을 진행하기를 주저했다. 그러자 며칠이 채 지나지 않아, 휴양소를 매입하는 데에 사용해달라는 부탁과 함께 정확히 1백 파운드의 금액이 또 들어왔다.

우리를 실망시키지 않는 하나님

우리의 은혜로운 구세주께서 이처럼 자비로우시다는 것을 기억할 때에 우리 마음이 기쁨으로 가득 차지 않는가? 의사 누가는 하나님이 자비로우시다고 말했다(눅 6:36). 사랑은 언제나 자비롭다(고전 13:4 참조). 그리고 하나님은 사랑이시다. 기도할 때에 이 사실을 명심하기 바란다. 우리 하나님은 자비로우시다. 이 사실이 우리의 기도생활에 도움을 줄 것이다. 우리 믿음이 연약할 때에 주님은 인내로 참으신다. 그래서 시편 기자는 "하나님이여 주의 인자하심이 어찌 그리 보배로우신 지요"(시 36:7), "주의 인자가 생명보다 나으므로 내 입술이 주를 찬양할 것이라"(시 63:3)라고 찬송했다.

그런데 위험한 것은 우리가 기도 용사들의 이야기를 읽으면서 "정말로 놀랍구나!"라고 감탄하면서도, 하나님께서 우리 모두에게 그러한 믿음과 기도를 몹시 바라신다는 사실을 망각해버리는 것이다. 하나님은 편애하시는 분이 아니다. 그분은 '내'가 기도하기를 원하신다. 아버지는 '당신'이 기도하기를 원하신다.

하나님은 지금까지 기도에 대해 말한 일들이 일어나게 허락하신다. 그것은 그분이 우리를 놀라게 하기 위해서가 아니라 체험을 통해 분발시키기 위해 계획하신 것이다. 우리는 인간이 만든 규칙으로 기도의 주변에 울타리를 두른다. 그리스도인이 오히려 그러한 규칙을 자주 망각한다면 얼마나 좋을까! 단순해지자. 꾸미지 말자. 하나님 말씀을 있는 그대로 받아들이자. "우리 구주 하나님의 자비와 사람 사랑하심"(딛 3:4)이 나타났음을 기억하자. 때로 하나님은 우리를 기도의 삶으로 인도하신다. 때로 하나님은 우리를 기도의 처소로 인도하신다.

우리 중에 몇 사람은 전혀 기도하지 않던 과거의 삶을 돌이켜보면서, 하나님께서 자비로우실 뿐만 아니라 참을성이 많으시다는 사실(롬 15:5)에 기쁨과 놀라움으로 전율하지 않을 수 없을 것이다. 하나님께서 인내하지 않으셨다면 우리는 지금 어디에 있을까? 우리는 하나님을 자주 실망시킨다. 그러나 아! 복되신 이름이여! 하나님은 우리를 실망시킨 적이 없으시며, 앞으로도 그런 일은 결코 없을 것이다. 우리는 하나님을 의심하고, 하나님의 사랑과 섭리와 인도를 신뢰하지 않는다. 우리는 "길로 인하여 마음이 상하였다"(민 21:4). 하나님의 인도를 불평한다. 그러나 하나님은 언제나 우리를 축복하시며, 쌓을 곳이 없을 만큼 풍성한 복을 부어주기 위해 기다리고 계신다.

예수 그리스도께서는 "너희가 내 이름으로 무엇을 구하든지 내가 시행하리니 이는 아버지로 하여금 아들을 인하여 영광을 얻으시게 하려 함이라"(요 14:13)라고 약속하셨다. 이 약속은 지금도 여전히 유효하다.

> 우리는 주님을 신뢰하는 자에게 임하는 복을
> 맛보지도 보지도 못했다.
> 그러나 이제부터는 하나님의 말씀을
> 온전히 믿을 것이다.
> 기도는 확실히 모든 것을 바꾼다.

무릎 그리스도인의 기.도.수.칙

THE KNEELING CHRISTIAN

04

1. 하나님은 우리의 기도생활을 통해 하나님을 시험하는 것을 용인하셨다.

하나님께서는 "나를 시험해보라"라고 말씀하신다. 하늘 아버지께서는 우리가 단 한 순간이라도 걱정하거나 필요가 채워지지 않기를 원하지 않으신다. 우리의 필요와 요구사항이 제아무리 크고 많다고 하더라도 하나님께서 명하신 방법을 따라 그분을 시험하기만 하면 하나님이 부어주시는 복은 쌓을 곳이 없도록 넘칠 것이다. 하나님은 우리를 결코 실망시키지 않으신다.

2. 하나님을 사랑한다면 기도해야 한다.

하나님은 우리가 기도하기를 원하시며 또한 기도하라고 명하신다. 우리가 진정으로 주님을 믿는다면 기도하지 않을 수 없고, 또한 기도하지 않고서는 우리 스스로 아무것도 할 수 없기 때문이다. 우리가 하나님을 사랑한다면 기도할 수밖에 없다. 그러니 여러 변명을 걷어치우고 하나님께 가까이 나아가자. 그분은 우리의 기도에 귀를 기울이신다.

3. 단순한 믿음을 가져라.

우리의 믿음이 단순해진다면, 하나님 말씀을 있는 그대로 받아들인다면, 우리는 주님의 너그러움 가운데 해같이 빛날 것이다. 그러나 우리의 믿음이 단순해지고 온몸이 밝아지려면 우리의 눈이 순전해야 한다(마 6:22). 오직 그리스도만을 인생의 유일무이한 주인으로 섬겨야 한다. 하나님과 재물을 겸하여 섬기려고 애쓰면 근심과 걱정에서 해방될 것이라 기대할 수 없다(마 6:24).

만군의 여호와가 이르노라 너희의 온전한 십일조를 창고에 들여 나의 집에 양식이 있게 하고
그것으로 나를 시험하여 내가 하늘 문을 열고 너희에게 복을 쌓을 곳이 없도록 붓지 아니하나 보라 말 3:10

그를 향하여 우리의 가진 바 담대한 것이 이것이니
그의 뜻대로 무엇을 구하면 들으심이라
우리가 무엇이든지 구하는 바를
들으시는 줄을 안즉 우리가 그에게 구한 그것을
얻은 줄을 또한 아느니라 요일 5:14,15

This is the confidence we have in approaching God:
that if we ask anything according to his will, he hears us.
And if we know that he hears us--whatever we ask--we know
that we have what we asked of him. 1 John 5:14,15

2부

기도의 순종

Pray

chapter 05

오직 하나님의
영광만을 사모하라

올바로 기도하려면 하나님의 영광을 사모해야 한다.
두려움과 의심을 추방하는 데에는 하나님의 영광을 보는 것만 한 게 없다.

기도는 하나님을 심부름 보내는 것인가?

드와이트 무디(Dwight Lyman Moody, 1837~1899. 미국의 대표적인 복음 전도자)
가 에든버러에서 수많은 어린이에게 말씀을 전하는 중이었다. 무디는
주의를 집중시키기 위해 아이들에게 질문을 던졌다.

"여러분, 기도가 무엇이지요?"

사실 무디는 대답을 기대하지 않았다. 대신 직접 답을 해야겠다고
생각하고 있었다.

그런데 놀랍게도, 여기저기서 조막만 한 손들이 올라왔다. 무디는
한 소년을 지목했다. 그러자 그 소년은 머뭇거리지 않고 또렷하게 대
답했다.

"기도는 우리의 죄를 고백하고 하나님의 자비에 감사를 드림과 아울러, 하나님의 뜻에 맞는 것을 얻기 위해 우리의 소원을 예수 그리스도의 이름으로 하나님께 구하는 것입니다."

이에 무디는 "소년이여, 네가 스코틀랜드에서 태어난 것을 하나님께 감사하라"라고 기쁘게 대답했다. 만약 무디가 이 질문을 오늘의 어린이들에게 했다면 과연 어떤 대답을 들을 수 있을까? 요즘 어린이들 중에서 이 소년처럼 기도의 정의(定義)를 내릴 수 있는 아이가 과연 몇이나 될까? 당신이라면 어떻게 대답할 것인가?

'기도'는 무엇을 의미하는가? 아마 대다수의 그리스도인이 "기도는 하나님께 무엇을 구하는 것이다"라고 대답할 것이다. 그러나 기도는 혹자가 말한 것처럼 단지 "우리를 위해 하나님을 심부름 보내는 것" 이상이다. 기도는 부잣집 문을 두드리는 것보다 훨씬 더 높은 어떤 것이다.

사실 '기도'라는 단어는 "~을 향한 소원", 곧 "하나님을 향한 소원"이라는 의미를 갖는다. 참된 기도가 추구하는 것은 오로지 하나님 한 분뿐이다. 왜냐하면 하나님께로부터 필요한 모든 것을 얻을 수 있기 때문이다. 기도는 단지 우리의 영혼을 하나님께 드리는 것이다. 다윗은 이것을, 살아 있는 영혼을 살아 계신 하나님께 들어올리는 것이라고 표현했다.

여호와여 나의 영혼이 주를 우러러 보나이다 _시 25:1

참으로 아름다운 묘사이다. 주 예수 그리스도께서 우리 영혼을 살피시기를 소망할 때, 우리는 또한 그리스도의 거룩하신 아름다움이 우리 위에 임하기를 소망한다.

우리가 기도로 우리 영혼을 하나님께 들어올릴 때, 하나님께서는 우리 안에서, 우리와 함께하고자 하시는 일을 실제로 행하실 기회를 갖는다. 우리가 기도를 통해 영혼을 하나님께 들어올린다는 것은 곧 우리 자신을 하나님의 처분에 맡긴다는 의미이다. 하나님은 언제나 우리 편이시다. 인간이 기도할 때, 그것이 하나님의 기회가 된다. 한 시인은 이렇게 노래한 바 있다.

"기도는 영혼의 진실한 소망, 말로 하든지 하지 않든지 가슴에서 흔들리는 숨은 불꽃의 움직임이라네."

옛날 유대의 한 신비주의자는 "기도는 하늘과 땅이 서로 입을 맞추는 순간이다"라고 노래했다. 기도는 하나님을 설득하여 우리가 원하는 일을 하시도록 만드는 것이 결코 아니다. 기도는 '꺼리시는' 하나님의 뜻을 우리 뜻에 맞추어 꺾어버리는 게 결코 아니다. 기도는 하나님의 능력을 방출할 수 있을지는 몰라도 하나님의 뜻을 변경시킬 수는 없다. 트렌치(Trench, 1807~1886. 영국 성공회 신학자)는 "기도를 하나님을 억지로 설득하는 것으로 오해하면 안 된다. 오히려 하나님의 가장 높으신 자발적인 뜻을 붙잡는 것으로 생각해야 한다"라고 말했다. 그러한 까닭은, 하나님께서 언제나 우리에게 가장 좋은 것을 주기를 원하시기 때문이다. 따라서 우리는 우리를 향한 하나님의 뜻이 무엇인지 잘 분별해야 한다. 그렇지만 우리가 무지함 가운데 아무것도 모르면서 기도를 드린다고 할지라도 하나님은 절대로 축복의 자리에서 이탈하지 않으신다. 비록 우리를 향한 하나님의 뜻과는 달리, 어떤 해로운 것을 악착같이 구하여 고집스럽게 응답을 받아 그것으로 인해 오히려 고통을 당하는 경우는 있을 수 있겠지만 말이다.

이와 관련해서 시편 기자는 광야의 이스라엘 백성을 빗대어 "여호와께서 저희의 요구한 것을 주셨을지라도 그 영혼을 파리하게 하셨도다"(시 106:15)라고 했다. 하나님의 뜻이 아닌 기도를 드리는 사람은 이 '파리함'을 자초한다. 그는 자기 뜻에 합한 대로 기도를 드려 응답받고 그 괴로움으로 저주를 받는다.

좋은 일, 더 좋은 일, 가장 좋은 일

어떤 사람은 기도가 오직 위급한 상황을 위한 것이라고 생각한다. 그런 사람은 위험이 닥치거나 질병이 엄습하거나 무엇이 부족해지거나 난관에 봉착하면 그때서야 기도한다. 그는 마치 탄광 깊숙이 내려간 불신자와 같아, 갱도 천장이 내려앉기 시작하면 기도하기 시작한다. 옆에서 이를 지켜보던 노년의 한 그리스도인이 말한다.

"아하! 불신자를 기도하게 만드는 것 가운데 석탄 덩어리만 한 게 없구나!"

그러나 기도는 단지 '하나님께 무엇을 구하는 것' 이상의 그 무엇이다. 물론 '구한다'라는 것이, 우리가 하나님께 전적으로 의존되어 있음을 상기시킨다는 점에서 기도가 갖는 매우 귀한 면이기도 하다. 하지만 또한 기도는 하나님과 교제하는 것이다. 기도는 하나님과 의사소통하는 것이며, 하나님과 함께하는 것이다.

우리는 상대방과 이야기를 함으로써 그 사람을 파악하게 된다. 우리는 이와 같은 방법으로 하나님을 알게 된다. 기도가 가져오는 가장 귀한 결과는, 악에서 건짐을 받거나 몹시도 열망하던 것을 확보하는 게 아니라 하나님을 온전히 알게 되는 것이다. 주께서는 "영생은 곧 유일하신 참 하나님과 그의 보내신 자 예수 그리스도를 아는 것이니이다"(요 17:3)라고 말씀하셨다. 그렇다. 기도는 하나님의 더 많은 것을 발견하는 것이며, 그것이야말로 우리 영혼의 가장 위대한 발견이다.

사람들은 여전히 부르짖는다.

> 내가 어찌하면 하나님 발견할 곳을 알꼬 그리하면 그 보좌 앞에
> 나아가서 _욥 23:3

그러나 무릎 꿇는 그리스도인은 언제나 하나님을 발견하며 또한 하나님께 발견된다. 하늘이 보여준 주 예수님의 환상은 영락(零落)의 길을 가던 다소 사람 사울의 눈을 멀게 했다. 그는 예루살렘 성전에서 기도할 때에 비몽사몽간에 예수님을 보았다고 말했다.

> 후에 내가 예루살렘으로 돌아와서 성전에서 기도할 때에 비몽사

몽간에 보매 주께서 내게 말씀하시되 _행 22:17,18

그리고 그리스도께서 그에게 이방인에게로 가라는 큰 사명을 주셨다. 환상은 언제나 소명과 모험의 전조(前兆)가 된다. 이사야 선지자의 경우도 그러했다.

웃시야 왕의 죽던 해에 내가 본즉 주께서 높이 들린 보좌에 앉으셨는데 그 옷자락은 성전에 가득하였고 _사 6:1

이 환상 역시도 사역으로의 부르심의 서곡(序曲)이었다. 사도 바울도 선지자 이사야도 성전에서 기도하던 중에 환상을 보았다. 기도하지 않으면 하나님의 환상을 볼 수 없다. 그리고 환상이 없으면 인간의 영혼은 방자히 행하게 된다.

묵시(환상)가 없으면 백성이 방자히 행하거니와 율법을 지키는 자는 복이 있느니라 _잠 29:18

하나님의 환상은 실로 귀하다! 로렌스 형제(Brother Lawrence, 17세기 프랑스 출신의 경건한 수도사)는 이렇게 말했다.

"기도는 하나님의 임재를 감지하는 것 이외에 아무것도 아니다."

기도는 바로 하나님의 임재를 연습하는 것이다.

하나님의 사람 호레이스 부쉬넬(Horace Bushnell, '미국 종교 교육 운동의 아버지'라 불리는 19세기의 교육학자)이 기도할 때에 그의 친구가 옆에 있었다. 호레이스가 기도할 때에 하나님께서 아주 가까이 계시다는 느낌이 그 친구에게 몰려왔다. 이에 대해 그 친구는 "호레이스 부쉬넬이 양손으로 얼굴을 감싸고 기도할 때, 내 손이 하나님께 닿게 될까 봐 어둠 속에서 손을 뻗기가 두려웠다"라고 진술했다.

그 옛날 시편 기자의 "나의 영혼아 잠잠히 하나님만 바라라"(시 62:5)라는 외침은 이러한 하나님의 임재를 의식한 것이 아닐까? 우리가 많이 기도하지 못하는 까닭은 다음과 같은 질문, 곧 "기도가 무엇인가?"라는 질문을 심사숙고하지 않았기 때문이다. 우리가 항상 하나님의 임재 안에 살고 있음을 의식하는 것은 좋은 일이다. 하나님을 경배하면서 그분을 바라보는 것은 더 좋은 일이다. 그러나 무엇보다도 하나님과 친구로서 교제하는 것은 가장 좋은 일이다. 그것이 바로 기도이다.

가장 높은 수준에 도달한 최선의 참된 기도는 하나님께 목말라 있는 영혼, 오직 하나님만을 갈구하는 영혼을 드러낸다. 참된 기도는 위에 있는 것을 사모하는 사람의 입술에서 나온다. 진젠도르프(Nicolas Ludwig Zinzendorf, '경건주의의 아버지'라 일컬어지는 18세기 독일의 귀족)는 진정 기도의 사람이었다. 왜 그런가? 하나님의 손에 들린 선물보다 하나님 한 분만을 추구했기 때문이다. 그는 말했다.

"나는 열망하는 것이 하나 있다. 그것은 바로 하나님, 오직 하나님 뿐이다."

물론 우리는, 하나님께서 "나에게 구하라"라고 명하신다는 것을 잘 알고 있다. 우리는 여기에 기꺼이 순종한다. 우리는 기도가 하나님을 기쁘시게 하며, 그것을 통해 모든 필요가 공급된다는 것을 확신하여 쉼을 얻을 수 있다. 한 아이가 아빠의 선물을 몹시 갈망한다고 치자. 그런데 이 아이가 아빠와 함께 있으면서도 그것을 달라고 말하지 못한다면, 아이에게는 분명 무슨 문제가 있을 것이다. 하나님의 임재를 추구하는 것도 필요하고, 하나님께 구하는 것도 필요하다. 그런데 우리는 단순히 구하는 것보다 훨씬 더 차원 높은 기도에 도달하기를 열망하지 않는가? 그렇게 되려면 어떻게 해야 하는 것일까?

하나님의 영광을 주목하라

내가 보기에는 오직 두 단계(혹은 두 가지 생각)가 필요한 것 같다. 먼저는 하나님의 영광에 대한 깨달음이 있어야 하며, 다음으로는 하나님의 은혜에 대한 깨달음이 있어야 한다. 우리는 때로 찬양한다.

"은혜와 영광이 주님께로부터 흘러나오니… 주여, 부어주소서. 제 영혼 가득히 부어주소서."

혹자는 하나님의 영광이 기도와 무슨 관계가 있느냐고 물을지 모르지만 이러한 소망은 결코 허황된 것이 아니다. 우리가 누구에게 기도하고 있는 것인지 스스로 상기시키면 안 되는 것인가? 다음의 노래에는 그것에 대한 타당성이 담겨 있다.

"그대는 간구할 것을 무수히 가지고 만왕의 왕께 나아간다."

과연 우리 가운데 하나님의 위대한 영광에 대해 묵상하는 데에 충분한 시간을 쏟은 사람이 얼마나 있을까? 우리 중에 '은혜'라는 단어의 의미를 완벽하게 깨달은 사람이 있다고 생각하는가? 우리의 기도가 종종 무력하고 무능해지는(때로 우리가 기도하지 않는) 까닭은, 우리가 예수 그리스도 안에 있는 하나님의 영광의 놀라운 풍성함을 묵상하지도 않은 채 아무 준비 없이 무작정 하나님의 임재만을 바라기 때문이 아닐까? 우리는 하나님을 실로 장대(壯大)하신 분으로 생각해야 한다.

우리는 하나님 앞에 우리의 간구를 내놓기 전에 먼저 하나님의 영광과 은혜에 대하여 묵상해야 한다. 하나님은 우리에게 이 두 가지 전부를 주실 것이기 때문이다. 우리는 우리의 영혼을 하나님께 들어올려야 한다. 우리 자신을 하나님의 임재 안에 놓자! 사도 바울이 "만왕의 왕이시며 만주의 주시요 오직 그에게만 죽지 아니함이 있고 가까이 가지 못할 빛에 거하시고 아무 사람도 보지 못하였고 또 볼 수 없는 자시니 그에게 존귀와 영원한 능력을 돌릴지어다"(딤전 6:15,16)라고 말한 그분께 기도의 초점을 맞추자. 하나님의 지극히 큰 영광을 인하여 하나님을 경배하며 찬양하자. 성결(聖潔)만으로는 부족하다. 경배가 있어야 한다.

구약의 스랍들은 "거룩하다 거룩하다 거룩하다 만군의 여호와여 그 영광이 온 땅에 충만하도다"(사 6:3)라고 노래했으며, 신약의 천사들과 하늘의 군대는 "지극히 높은 곳에서는 하나님께 영광이요"(눅 2:14)라고 찬양했다. 그러나 우리 가운데 어떤 사람은 신발을 벗지도 않고

(출 3:5) 하나님과 교제하려고 애쓴다. 입술마다 "하나님이여 자비를 베 푸소서"라고 외치지만, "하나님을 찬양하라"라고는 노래하지 않는다. 오라! 우리가 하나님을 경배하자!

그런 다음, 우리는 담대하게 하나님의 영광에 가까이 갈 수 있다. 주 님은 제자들이 아버지께서 주님에게 주신 영광을 볼 수 있게 해달라 고 기도했다(요 17:24). 그 이유가 무엇인가? "그 영광이 온 땅에 충만 한" 까닭이 무엇인가?

망원경은 하나님의 무한한 영광을 드러낸다. 현미경은 하나님의 영 광의 극치를 드러낸다. 심지어 우리는 육안으로도 산과 바다의 절경 또는 햇빛을 통해 하나님의 놀라운 영광을 바라볼 수 있다. 이 모든 것 은 무엇을 의미하는가? 사실 이것은 하나님의 영광을 지극히 부분적 으로 드러내는 것에 불과하다. 그러나 하나님의 영광을 온전히 드러 내는 이가 있으니 그분이 바로 우리 주님이시다. 예수님이 "아버지여 나를 영화롭게 하옵소서"라고 기도하신 것(요 17:1,5)은 자신을 과시하 기 위함이 결코 아니었다. 우리가 주님의 무한한 신실하심과 무한정 한 능력을 깨달아 순전한 믿음과 신뢰로 그분께 가까이 나아가기를 원하셨기 때문이다.

찬양의 말로 경배를 올려라

이사야 선지자는 그리스도의 오심을 예고하면서 이렇게 선언했다.

여호와의 영광이 나타나고 모든 육체가 그것을 함께 보리라 _사 40:5

올바로 기도하려면 하나님의 영광을 사모해야 한다. 그래서 주님이 "너희는 이렇게 기도하라 하늘(영광의 영역)에 계신 우리 아버지여 이름이 거룩히 여김을 받으시오며"(마 6:9)라고 가르치신 것이다. 두려움과 의심을 추방하는 데에는 하나님의 영광을 보는 것만 한 게 없다. 우리의 간구를 하나님께 올리기 전에 옛 성인들이 사용했던 찬양의 말로 경배를 올리는 것이 도움이 되지 않을까?

아마도 매우 신실한 영혼은 그러한 도움조차 필요하지 않을 수도 있을 것이다. 아시시의 프란시스(Francis of Assisi)는 종종 아베르노 산에 올라가 한두 시간씩 기도하곤 했는데, 그의 입술에서 새어 나온 유일한 말은 이따금 간격을 두고 반복된 "하나님"이라는 말뿐이었다고 한다. 그는 기도를 경배로 시작하여 경배로 끝내곤 했던 것이다.

그러나 우리가 보이지 않는 하나님의 영광을 깨달아 하나님을 올바로 찬양하고 경배하는 데에는 도움이 필요하다. 노년의 윌리엄 로우(William Law, 18세기 영국의 실천적인 영성 작가)는 "기도를 시작할 때에 하나님의 위대하심과 권능을 감지하게 만들어주는 그분의 속성에 관한 표현을 사용하라"라고 했다.

이 점이 대단히 중요하기 때문에 몇 가지 유익한 조언을 전하고자 한다. 어떤 사람은 하늘을 힐끗 보며 "성부와 성자와 성령께 영광!"이라고 외치며 하루를 시작한다. "지극히 거룩하신 주 하나님, 지극히 강하신 주님, 거룩하고 자비로우신 구세주여!"라는 말로 시작되는 기도는 인간의 영혼에 엄숙한 경외심을 불러일으키기에 충분하다. 성례식(聖禮式)의 송영(頌榮)은 경배의 마음이 최고조에 이르도록 돕는다.

"지극히 높은 곳에서는 하나님께 영광이요 땅에서는 평화로다. 하늘의 왕, 전능하신 아버지! 오, 주 하나님이여! 주님을 찬양합니다. 주님을 예배합니다. 주님께 영광을 돌립니다. 주님의 크신 영광을 인하여 감사를 드립니다!"

이런 찬양을 하면서 감격하지 않을 이가 누구랴? 전능하신 하나님의 크고 놀라우심과 임재를 의식하지 못할 사람이 과연 누구랴? 다음과 같은 찬송가 역시도 이와 같은 취지에서 도움이 된다.

"나의 하나님, 활활 타오르는 불꽃 가운데서도 주님의 위엄이 어찌 그리 밝으며 주님의 자비의 보좌가 어찌 그리 아름다운지요. 주님의 모습과 끝없는 지혜, 한없는 능력과 순결함이 어찌 그리 놀라우며 어찌 그리 아름다운지요."

다음 찬양은 노랫말이 말하듯이 우리를 하늘로 인도한다.

"거룩 거룩 거룩 전능하신 주여 천지 만물 모두 주를 찬송합니다"(찬송가 9장, '거룩 거룩 거룩').

우리는 종종 "내 영혼이 주를 찬양하며 내 마음이 하나님 내 구주를 기뻐합니다!"(눅 1:46,47)라고 크게 외쳐야 한다. 우리는 시편 기자의 마음을 정확히 포착하여 다음과 같이 노래할 수 있는가?

내 영혼아 여호와를 송축하라 내 속에 있는 것들아 다 그 성호를
송축하라 _시 103:1

내 영혼아 여호와를 송축하라 여호와 나의 하나님이여 주는 심히
광대하시며 존귀와 권위를 입으셨나이다 _시 104:1

우리는 언제 "그 전(殿)에서 모든 것이 말하기를 영광이라 하도다"
(시 29:9)라는 말씀을 따라 '영광'이라고 말하는 법을 배울 수 있을까?
지금 당장 '영광'이라고 외치자!

찬양하고 감사해야 할 이유

이러한 경배와 찬양과 감사는 우리를 기도의 기운에 푹 젖어들게
할 뿐 아니라 매우 신비로운 방법으로 하나님께서 우리를 위해 역사
하시도록 작용한다. 찬양과 감사는 우리가 하나님께 다가가도록 하늘
의 문을 활짝 열어줄 뿐 아니라 하나님께서 우리를 축복하시도록 길
을 예비한다. 그래서 사도 바울은 "쉬지 말고 기도하라"(살전 5:17)라고
권고하기 전에 "항상 기뻐하라"(살전 5:16)라고 권면했다. 그러므로 우
리는 쉬지 말고 기도해야 할 뿐 아니라 쉬지 말고 기뻐해야 한다.

주님이 나사로를 일으키실 때에 드린 기도의 첫마디는 감사로 시작
되었다.

아버지여 내 말을 들으신 것을 감사하나이다 _요 11:41

주님은 주변의 모든 사람이 듣도록 그렇게 기도하셨다. 그렇다면 우리도 들어야 할 것이다.

아마 당신은, 기도하기 위해 무릎을 꿇을 때에 하나님의 크신 영광을 인하여 특별히 감사해야 하는 까닭이 무엇이며, 하나님의 영광에 대해 생각하고 그것을 응시하는 데에 시간을 쏟아야 하는 까닭이 무엇인지 궁금해할지도 모른다. 하지만 그분은 영광의 왕이 아닌가? 하나님의 존재 자체가 영광이며, 하나님께서 하시는 일이 다 영광이다. 하나님의 거룩함은 영광스럽다(출 15:11). 하나님의 이름은 영화롭다(신 28:58). 하나님이 하시는 일에는 영광과 위엄이 있고(시 111:3), 하나님의 권능은 영광스러우며(골 1:11), 하나님의 음성은 장엄하고 영화롭다(사 30:30).

"아름답고 빛나는 모든 것, 크고 작은 모든 피조물, 지혜롭고 경이로운 모든 것, 주 하나님께서 이 모든 것을 그분의 영광을 위하여 창조하셨다."

> 이는 만물이 주에게서 나오고 주로 말미암고 주에게로 돌아감이
> 라 영광이 그에게 세세에 있으리로다 아멘 _롬 11:36

이 하나님께서 바로, 기도로 자신에게 나오라고 우리에게 명하시는

분이시다. 이 하나님이 바로 우리 하나님이시다. 하나님은 인간에게
서 선물을 받으신다(시 68:18). 하나님은 무릇 예수의 이름으로 부르심
을 받은 모든 백성을 그분의 영광을 위해 창조하셨다고 말씀하신다(사
43:7). 하나님의 교회는 영광스러운 교회가 되고, 거룩하고 흠이 없는
교회가 되어야 한다(엡 5:27).

가장 아름다운 기도의 열매

예수님은, 우리가 주님에게서 발견하는 영광을 우리와 나누고자 하
신다. 당신은 이 사실을 온전히 깨달은 적이 있는가? 이것은 주님이
구속(救贖)하신 자, 곧 당신과 내게 주시는 고귀한 선물이다. 내 말을
믿기 바란다. 우리가 하나님의 영광을 더 많이 얻으면 얻을수록 우리
는 하나님의 손에 들린 선물을 더 적게 갈구하게 될 것이다. 주님이
"강림하사 그의 성도들에게서 영광을 얻으시는"(살후 1:10) 그날에만 우
리에게 영광이 임하는 것이 아니라, 오늘 그리고 지금 여기에도 영광
이 임한다. 주님은 우리가 그분의 영광에 참예하는 자가 되기를 원하
신다. 주님은 직접 그렇게 말씀하셨다.

내게 주신 영광을 내가 저희에게 주었사오니 _요 17:22

하나님의 명령은 무엇인가? "일어나라 빛을 발하라 이는 네 빛이 이
르렀고 여호와의 영광이 네 위에 임하였음이니라"(사 60:1)라는 말씀인

가? 아니다. 그렇지 않다. 하나님의 영감(靈感)을 받은 선지자는 그 이상의 것을 말한다.

> 오직 여호와께서 네 위에 임하실 것이며 그 영광이 네 위에 나타
> 나리니 _사 60:2

하나님은 베드로를 시켜서 그 옛날 성도들에게 예수님을 증거하게 하신 것처럼 인간을 사용하셔서 말하게 하곤 하신다.

> 영광의 영 곧 하나님의 영이 너희 위에 계심이라 _벧전 4:14

이것이 우리가 드리는 기도에 대한 응답이 아닐까? 이보다 더 좋은 응답을 구할 수 있을까? 어떻게 해야 영광의 영을 받을 수 있을까? 그 영광을 반사하려면 어떻게 해야 할까? 그것은 오직 기도를 통해서만 가능하다. 우리가 기도할 때, 성령께서 그리스도의 것을 취하여 우리에게 알리신다(요 16:15).

모세가 "원컨대 주의 영광을 내게 보이소서"(출 33:18)라고 기도했을 때, 그는 하나님의 영광의 일부분을 보았을 뿐만 아니라 그 영광이 얼굴에서 광채처럼 나타나기도 했다(출 34:29). 그러므로 우리 역시도 "예수 그리스도의 얼굴에 있는 하나님의 영광을"(고후 4:6) 응시할 때에 그 영광을 보게 될 뿐 아니라 그 영광을 우리 것으로 취할 수 있을 것이다.

이것이 바로 기도이며, 기도가 맺는 가장 아름다운 열매이다. 기도 말고는 하나님의 영광을 확보할 수 있는 다른 방법이 없다. 또한 기도 가 아니면 하나님의 영광을 나타낼 다른 방도도 없다. 그러므로 하나 님의 영광을 묵상하자. 하나님의 영광을 자주 응시하여 그것을 얻자.

한번은 주님의 제자들에게 이런 사건이 일어난 적이 있었다. 그들 은 떨리는 어조로 말했다.

> 말씀이 육신이 되어 우리 가운데 거하시매 우리가 그 영광을 보
> 니 _요 1:14

무지하고 소박한 무명의 어부 몇 명이 그리스도와 교제하며 그분의 영광을 보았다. 주목하라! 그들은 주님의 영광을 받았다! 그러자 사람 들이 이상히 여기며 그들이 전에 예수와 함께 있던 자들이라는 것을 알게 되었다.

> 그 본래 학문 없는 범인으로 알았다가 이상히 여기며 _행 4:13

마찬가지로 우리도 사도 요한처럼 "우리의 사귐은 아버지와 그 아 들 예수 그리스도와 함께함이라"(요일 1:3)라고 선언할 수 있을 때, 사람 들이 우리를 가리켜 "저들은 예수와 함께 있는 자들이라"라고 말할 것 이다.

우리가 기도를 통해 우리의 영혼을 살아 계신 하나님께 들어올릴 때, 마치 꽃이 햇빛을 받아 활짝 피는 것처럼 '거룩함'이라는 아름다움을 지니게 될 것이다. 예수님도 기도하실 때에 용모가 변하셨다(마 17:1,2). 우리의 삶에서 기도가 회복될 때에 우리의 용모가 변화될 것이며(눅 9:29), 우리도 우리 각자의 '변화산'을 갖게 될 것이다. 그러면 혹자가 말한 것처럼 사람들이 우리의 얼굴에서 '내적인 영적 은혜의 외적인 가시적 징표'를 발견할 것이다. '하나님과 다른 사람들이 우리를 얼마나 귀한 존재로 여기는가' 하는 문제는 '우리가 다른 사람에게 하나님의 영광을 얼마나 나타내 보이는가' 하는 문제에 정비례한다.

기도는 영적 생명의 징표이다

기도란 무엇인가? 그것은 영적 생명의 징표이다. 기도하지 않는 영혼에게서 영적 생명을 기대하기보다는 차라리 죽은 사람에게서 생명을 기대하는 편이 낫다. 우리의 영성(靈性)과 열매는 언제나 '기도'라는 실체에 비례한다. 그러므로 당신이 기도의 문제와 관련하여 탕자처럼 집을 떠나 방황하고 있다면, 지금 당장 "내가 일어나 아버지께 가서 이르기를 아버지여 내가 하늘과 아버지께 죄를 얻었사오니"(눅 15:18)라고 고백하겠다고 결단하라!

나는 여기까지 쓰고 펜을 내려놓았다. 그리고 책상 위에 놓인 종이 한 장을 집어 들었다. 그 위에는 다음과 같은 글이 적혀 있다. 그래서 펜을 들고 다시 써내려가는 중이다.

우리가 기도하지 못하는 까닭은 하나님보다 사람을 바라보기 때문이다. 마르틴 루터(Martin Luther)가 하나님을 바라보았을 때에 부패한 교회가 벌벌 떨었다. 조나단 에드워즈(Jonathan Edwards)가 하나님을 바라보았을 때에 '대각성'이 일어났다. 존 웨슬리(John Wesley)가 하나님을 바라보았을 때에 전 세계가 단 한 사람의 교구가 되었다. 조지 휫필드(George Whitefield)가 하나님을 바라보았을 때에 수많은 영혼이 구원을 받았다. 조지 뮬러가 하나님을 바라보았을 때에 수천 명의 고아들이 굶주림을 면했다. 그리고 "예수 그리스도는 어제나 오늘이나 영원토록 동일하시다"(히 13:8).

지금은 우리가 새로운 시각으로 하나님을 바라볼 때이다. 모든 영광 가운데 거하시는 하나님을 새로운 눈으로 보아야 한다. 교회가 하나님만을 바라볼 때에 어떤 일이 일어날지 누가 알 수 있겠는가? 다른 사람이 하나님을 바라볼 때까지 기다리지 말자. 우리가 먼저 수건을 벗은 얼굴과 깨끗한 심령으로 주님의 영광을 바라보자.

마음이 청결한 자는 복이 있나니 저희가 하나님을 볼 것임이요 _마 5:8

거룩한 사역을 위한 능력

나는 지금까지 여러 선교사들을 만나면서 마음에 큰 기쁨을 맛보았다. 그런데 그들 중에서 윌버 채프만(John Wilbur Chapman, 1859~1918. 미국의 선교사이자 부흥사)보다 더 깊은 인상을 준 사람은 없었다. 그는 한 친구에게 이렇게 편지를 썼다.

　　나는 기도에 관하여 몇 가지 큰 교훈을 깨달았다네. 한번은 영국에서 복음을 전하고 있었는데 집회에 참석한 청중이 무척이나 적었어. 그러던 어느 날, 쪽지 한 장을 받았다네. 한 미국인 선교사가 우리의 사역에 하나님의 복이 임하기를 기도한다고 적은 내용이었지. 그는 '기도의 사람 하이드' 라고 알려져 있었어. 그리고 즉시 상황이 급변하기 시작했다네. 집회 장소는 사람들로 가득 찼고, 처음 '구원으로의 초청' 에 50명이 그리스도를 구세주로 영접했다네.

　　우리가 헤어질 때가 되었을 때, "하이드 선생, 저를 위해 기도해주십시오"라고 말했지. 그는 내 방으로 들어와 문을 잠그고 무릎을 꿇었어. 그리고 5분 동안 단 한마디도 입 밖에 내지 않고 조용히 기다렸어. 어찌나 조용했던지 내 심장과 그의 심장이 고동치는 소리도 들을 수 있었지. 순간, 뜨거운 눈물이 내 볼을 타고 흘러내렸다네. 나는 하나님께서 나와 함께 계시다는 것을 느낄 수 있었지. 그때 그가 얼굴을 들어올렸어. 그의 눈에서도 눈물이 흐르고 있었지. 그는 "오, 하나님!"이라고 부르짖더니 다시 5분여 동안 침묵했어. 그러고는 하나님과 깊은 대화에 잠기기 시작했지. 그러자 그의 심령 깊은 곳에서 내가 생전에 들어보지도 못한 사람들을 위한 간구가 흘러나왔다네. 나는 기도를 마치고 일어나면서 참된 기도가 무엇인지 깨달았다네. 나는 기도의 힘이 강력하다고 확신하네. 그 어느 때보다 더 굳게 확신한다네.

채프만 선교사는 종종 말하곤 했다.

"나는 존 하이드와 기도할 때, 참된 기도가 무엇인지 비로소 깨달았다. 참된 기도가 무엇인지, 참된 성결의 삶이 무엇인지 깨닫는 데에 누구보다 그에게 많은 빚을 졌다. 나는 예수님의 기도의 삶을 보았다. 예수 그리스도께서 내게 새로운 이상(理想)이 되셨다. 나는 참된 기도의 사람이 되겠다는 갈망을 품었다. 그리고 그 갈망은 지금까지도 지속되고 있다."

성령께서는 우리에게 참된 기도의 사람이 되는 길을 가르쳐주실 수 있다.

오! 한숨을 지으며 번민하는 자여!
능력이 없어 슬퍼하는 자여!
이 부드러운 속삭임에 귀 기울일지니
"네가 한시 동안도 깨어 있을 수 없더냐?"

열매와 축복을 얻는 길에 왕도(王道)는 없나니
거룩한 사역을 위한 능력은
하나님과 교제하는 데에서 나온다.

무릎 그리스도인의 **기.도.수.칙**

THE KNEELING CHRISTIAN

05

1. 기도는 우리 영혼을 하나님께 들어올리는 것이다.

기도는 우리의 영혼을 하나님께 드리는 것이다. 우리가 기도로 우리 영혼을 하나님께 들어올릴 때, 하나님께서는 우리 안에서, 우리와 함께하고자 하시는 일을 실제로 행하실 기회를 갖는다. 우리가 기도를 통해 우리 영혼을 하나님께 들어올린다는 것은 곧 우리 자신을 하나님의 처분에 맡긴다는 의미이다. 하나님은 언제나 우리 편이시다.

2. 기도는 하나님과 교제하는 것이다.

기도는 하나님과 의사소통하는 것이며, 하나님과 함께하는 것이다. 기도가 가져오는 가장 귀한 결과는, 악에서 건짐을 받거나 몹시도 열망하던 것을 확보하는 것이 아니라 하나님을 온전히 알게 되는 것이다. 주님은 "영생은 곧 유일하신 참 하나님과 그의 보내신 자 예수 그리스도를 아는 것이니라"(요 17:3)라고 말씀하셨다. 기도는 하나님의 더 많은 것을 발견하는 것이며, 그것이야말로 우리 영혼의 가장 위대한 발견이다.

3. 올바로 기도하려면 하나님의 영광을 보아야 한다.

두려움과 의심을 추방하는 데에는 하나님의 영광을 보는 것만 한 게 없다. 우리는 "예수 그리스도의 얼굴에 있는 하나님의 영광을"(고후 4:6) 응시할 때에 그 영광을 보게 될 뿐만 아니라 그 영광을 우리 것으로 취할 수 있다. 이것이 바로 기도이며, 기도가 맺는 아름다운 열매이다. 기도 말고는 하나님의 영광을 확보할 수 있는 다른 방법이 없다. 또한 기도가 아니면 하나님의 영광을 나낼 다른 방도도 없다. 그러므로 하나님의 영광을 자주 묵상하자.

～

이는 만물이 주에게서 나오고 주로 말미암고 주에게로 돌아감이라
영광이 그에게 세세에 있으리로다 아멘 롬 11:36

chapter 06
예수 이름의 권세보다
더 강한 권세는 없다

주 예수의 이름으로 기도한다는 것은 그리스도께서 직접 피를 흘려 확보하신 것,
즉 우리를 위해 값을 지불하신 것을 구한다는 뜻이다.

예수의 이름으로

어떻게 기도할 것인가? 그리스도인이 할 수 있는 질문 중에서 이보
다 더 중요한 것이 있을까? 당신은 영광의 왕께 어떻게 나아갈 것인가?

기도에 관한 예수님의 약속을 읽을 때, 주님이 약속을 행하실 만한 능
력이 없는 분이라고 섣불리 단정을 짓지 않는 한, 우리는 그분께서 엄청
난 권세를 우리 손에 쥐어주신 것이라 생각하기 쉽다. 왜냐하면 예수께
서 "무엇을 구하든지", "무엇이든지 내게 구하면", "무엇이든지", "원하
는 대로 구하라"라고 명백하게 말씀하셨기 때문이다(요 14:13,14; 15:7).

그런데 주님은 여기에 단서를 붙이셨다. 그것은 바로 '예수의 이름
으로' 구해야 한다는 것이다. 이것이 기도의 유일한 조건이다(때로는 이

조건이 성경에서 다른 말로 표현되어 있다는 것을 알 수 있을 것이다).

그러므로 우리가 구하고도 받지 못한다면, 그 까닭은 오로지 이 조건을 충족시키지 못했기 때문이다. 그런데 만일 우리가 예수 그리스도의 참된 제자라면 '예수의 이름으로' 구하는 것의 의미를 깨닫기 위해 수고(필요하다면 무한한 수고까지도)를 아끼지 않을 것이며, 그 조건을 온전히 충족시키기 전까지는 도무지 만족하지도 쉬지도 못할 것이다. 이 약속을 다시 한 번 읽으며 정확히 확인해보자.

> 너희가 내 이름으로 무엇을 구하든지 내가 시행하리니 이는 아버지로 하여금 아들을 인하여 영광을 얻으시게 하려 함이라 '내 이름으로' 무엇이든지 내게 구하면 내가 시행하리라 _요 14:13,14

사실 이것은 매우 새로운 방식이다. 주께서 "지금까지는 너희가 내 이름으로 아무것도 구하지 아니하였으나 구하라 그리하면 받으리니 너희 기쁨이 충만하리라"(요 16:24)라고 말씀하셨기 때문이다.

예수님은 "내 이름으로"라는 단서를 다섯 차례나 반복하여 말씀하셨다(요 14:14; 15:16; 16:23,24,26). 이 단서에 매우 중요한 의미가 담겨 있는 것이 확실하다. 그것은 단순한 조건 이상의 무엇이다. 그것은 약속이자 격려이다. 예수께서 우리에게 명령을 하실 때마다 언제나 그 명령을 수행할 능력까지 주시기 때문이다.

그렇다면 '예수의 이름으로 구한다'라는 말은 무슨 의미일까? 우리는 무슨 방법을 써서라도 이것을 알아내야 한다. 이것이 기도의 능력의 비밀이거니와, 자칫 잘못하면 이 말을 오해하여 사용할 수도 있기 때문이다. 주님께서는 "많은 사람이 내 이름으로 와서 이르되 나는 그리스도라 하여 많은 사람을 미혹케 하리라"(마 24:5)라고 말씀하셨다. 이 구절은 다른 말로, "많은 사람이 자신과 남을 기만하면서도, 자기들이 예수의 이름으로 아버지께 기도하고 있다고 착각한다"라고 풀어 볼 수도 있겠다.

'예수의 이름으로 구한다'라는 말의 뜻이 단지 기도 끝에 "이 모든 말씀을 예수 그리스도의 이름으로 기도합니다"라는 문장을 첨가하는 것인가?

많은 그리스도인이 그렇게 생각하고 있을지도 모른다. 자아 의지와 이기적인 동기로 가득한 내용을 구하고 "예수 그리스도의 이름으로 기도합니다"라는 말로 말끔히 마무리를 하면 참된 기도가 되는 것인가? 당신은 이러한 기도를 들어본(직접 해본) 적이 없는가?

'예수의 이름으로 구한다'라는 것의 의미

야고보 사도는 자신의 서신에서 하나님께서 응답하지 않으시는 기도에 대해 언급하고 있다. 우리가 "예수 그리스도의 이름으로 기도합니다"라는 구절로 기도의 끝을 장식했다는 이유 하나만으로 하나님께서 우리의 모든 기도에 응답하시는 것은 결코 아니다. 야고보서에 언급된 그리스도인들은 잘못 구하고 있었다.

구하여도 받지 못함은 정욕으로 쓰려고 잘못 구함이니라 _약 4:3

기도 끝에 어떤 신비로운 구절을 덧붙인다고 해서 잘못된 기도가 올바른 기도가 되는 것은 결코 아니다. 반면에 그런 신비로운 구절이 누락되었다고 해서 올바른 기도가 능력을 잃는 것도 결코 아니다.

그렇다. 이것은 단지 말의 문제가 아니다. 주님은 어떤 공식보다는 믿음과 사실을 훨씬 더 중요하게 생각하신다. 기도의 주된 목적은 주 예수님을 영화롭게 하는 것이다. 우리는 "아버지로 하여금 아들을 인하여 영광을 얻으시게"(요 14:13) 그리스도의 이름으로 구해야 한다. 잘 들어라! 우리는 부(富)나 건강이나 번영이나 성공이나 안락함이나 위로나 영적 성장이나 사역의 열매를 구한다. 그러나 오직 그리스도를 위해, 그리스도의 영광을 위해 이 모든 것을 구해야지, 단지 우리 자신의 즐거움이나 물질적 향유나 발전이나 인기를 위해 구하면 절대 안 된다. 이제부터 "내 이름으로"라는 중요한 구절의 의미를 이해하기 위해 세 단계를 밟아보도록 하자.

첫째, 그리스도의 속죄의 죽음을 믿어라.

"내 이름으로"라는 예수님의 말씀에는 오직 '그리스도 때문에', 그리스도의 속죄의 죽음으로 인하여 어떤 일이 이루어진다는 의미가 담겨 있다. 그리스도의 속죄의 죽음을 믿지 않는 사람은 그분의 이름으로 기도하지 못할 뿐 아니라, 설령 그가 그 구절을 사용해서 기도를 한다고 해도 아무 결과가 나타나지 않을 것이다. 그 이유는 그리스도의 속죄의 죽음을 믿는 자만이 "그 피를 인하여 의롭다 하심을 얻고"(롬 5:9), "그의 피로 말미암아 구속 곧 죄 사함"(엡 1:7; 골 1:14)을 받을 수 있기 때문이다.

능력의 전도자 드와이트 무디가 사역 초기에 체험한 어떤 사건을 들어 이 점에 대해 설명해보겠다. 지적으로 매우 뛰어난 불신자 판사 한 사람이 있었다. 그의 아내가 무디를 찾아와 남편에게 복음을 전해달라고 청하였다. 무디는 그런 사람과 논쟁하는 것이 무척이나 싫었지만 그를 만나 솔직하게 심정을 토로한 뒤에 다음과 같이 덧붙였다.

"이후에 만일 선생께서 회개하신다면 제게 알려주겠다고 약속하시겠습니까?"

판사는 냉소적으로 대답했다.

"물론 그렇게 하죠. 만약 제가 회개하게 된다면 속히 선생께 알려드리겠습니다."

무디는 기도의 힘만 의지하고 자리를 떠났다. 그리고 채 1년도 지나지 않아 그 판사는 회개하여 주께로 돌아왔다. 그는 약속을 지켜 그간에 일어났던 일을 무디에게 이야기했다.

"어느 날 밤 아내가 기도회에 가고 없을 때, 갑자기 불안해지더니 제 자신이 비참해지기 시작했습니다. 아내가 돌아오기 전에 잠자리에 들었지만 밤새도록 한잠도 이루지 못했습니다. 다음 날 아침 일찍 일어나 아내에게 식사할 생각이 없다고 말한 뒤에 곧바로 사무실로 출

근했습니다. 그리고 직원들에게 휴무(休務)를 명한 뒤에 방에 혼자 틀어박혔습니다. 그러자 비참하다는 생각이 점점 더 압도해왔습니다. 마침내 무릎을 꿇고 하나님께 저의 죄를 용서해달라고 구하였습니다. 하지만 '예수님의 이름으로'라고 말할 수가 없었습니다. 제가 유니테리언교도(그리스도의 신성을 부인하며 삼위일체 교리를 믿지 않는다)였던지라 그리스도의 속죄를 믿지 않았기 때문입니다. 저는 고뇌하면서 계속 기도했습니다. '오, 하나님! 제 죄를 용서해주소서!' 그러나 아무 응답도 없었습니다. 그래서 마침내 절망 속에서 부르짖었습니다. '오, 하나님! 예수 그리스도의 이름으로 제 죄를 사하여주옵소서!' 그러자 즉시 제 마음에 평화가 찾아왔습니다."

그 판사는 예수 그리스도의 이름으로 하나님의 임재를 구했을 때에 비로소 하나님 앞에 나아갈 수 있었다. 그가 그리스도의 이름으로 나아갈 때, 하나님께서 즉시 그의 기도를 들으셨고 죄를 사하여주셨다. 그렇다. 주 예수님의 이름으로 기도한다는 것은 그리스도께서 직접 피를 흘려 확보하신 것, 즉 우리를 위해 값을 지불하신 것을 구한다는 뜻이다.

우리가 예수의 피를 힘입어 성소에 들어갈 담력을 얻었나니 _히 10:19

다른 어떤 길로도 들어갈 수 없다.

하지만 이것이 '예수의 이름으로'라는 구절이 뜻하는 바를 모두 설명한 것은 아니다.

둘째, 주님의 뜻대로 구하라.

그리스도의 이름으로 나아간다는 것의 가장 익숙한 예는 은행에서 수표로 현금을 찾는 것이라 할 수 있다. 나는 거래 은행의 계좌에 예치되어 있는 금액만큼만 인출할 수 있다. 내 이름으로는 그 이상의 금액을 인출할 수 없다. 영국 은행에는 내 돈이 한 푼도 예치되어 있지 않다. 따라서 나는 그곳에서 아무것도 꺼내 쓸 수 없다.

그러나 영국 은행에 거액의 돈을 예치하고 있는 어느 부자가 손수 서명한 백지수표를 내게 건네면서, 원하는 금액을 마음대로 공란에 기입해도 좋다고 말했다고 가정해보자. 그는 나의 절친한 친구이다. 어떻게 할까? 당장 필요한 금액만 기입할까? 아니면 뱃심 좋게 최대한의 금액을 인출할까? 나는 지나치게 적은 액수를 기입하여 친구의 감정을 상하게 하거나, 지나치게 많은 액수를 기입하여 내 체면을 구기는 짓은 결단코 하지 않을 것이다. 나는 그 친구의 의중을 파악해 그것에 호응하려 애쓸 것이다.

그리스도인은 천국이 자신의 은행이라고 종종 말한다. 하나님께서는 가장 부유한 은행가이시다. 왜냐하면 "각양 좋은 은사와 온전한 선물이 다 위로부터 빛들의 아버지께로서 내려오기"(약 1:17) 때문이다. 이 무한한 금고를 이용하려면 수표가 필요하다. 그런데 주 예수 그리스도께서는 우리에게 백지수표를 건네시며 "원하는 금액은 얼마든지 기입하거라. 원하는 것은 무엇이나 줄 것이다. 단, 내 이름으로 수표를 제시하거라. 그러면 너희의 요구를 존중할 것이다"라고 말씀하신다.

이것을 어느 유명한 전도자의 말로 옮기면 다음과 같다.

"내가 하늘의 은행에 갈 때, 기도를 통해 하나님께 나아갈 때에 이와 같은 일이 일어난다. 나는 그 은행에 아무것도 예금한 돈이 없다. 그리고 나는 그 은행에 아무 신용도 없다. 그러므로 내 이름으로 가면 아무것도 받을 수 없다. 그러나 예수 그리스도께서는 천국 은행에 제한이 없는 신용계좌를 갖고 계시다. 그리고 내가 그리스도의 이름이 기록된 수표를 들고 천국 은행에 갈 수 있도록 특권을 허락하셨다. 그러므로 이 수표를 들고 천국 은행에 가면, 나의 기도는 얼마든지 지불받을 수 있을 것이다. 따라서 그리스도의 이름으로 기도한다는 것은, 나의 신용에 근거해서가 아니라 그분의 신용에 근거해서 기도하는 것이다."

이는 실로 기쁜 일이요 어떤 점에서는 매우 타당하다.

만일 이 수표가 정부기관이나 어떤 기업체 앞으로 발행된 것이라면 찾을 수 있을 만큼의 돈을 한 번에 싹 찾고 싶은 마음이 들지도 모른다. 그러나 우리가 우리의 모든 것을 빚지고 있는, 온맘을 다하여 사랑하고 있는, 앞으로도 거듭거듭 찾아야 하는 사랑이 풍성하신 아버지께 나아가고 있다는 점을 기억하기 바란다. 그래서 우리는 천국 은행에서 수표를 현금으로 바꿀 때, 먼저 하나님의 존귀와 영광을 갈망하며 오로지 하나님 보시기에 기쁜 것만 행하기를 소망한다. 그런데 수표를 현금으로 교환하려는 것, 곧 기도의 응답을 받으려는 것이 오히려 하나님의 이름을 실추(失墜)시키고 우리에게 의심과 고통을 안겨줄 수 있다. 진실로 하나님의 자원은 무한하다. 그러나 우리는 하나님의 존귀하심에 흠집을 낼 수가 있다. 이것이 무슨 뜻일까?

경험은 토론을 불필요하게 만드는 법이다. 친애하는 독자여! 당신은 주님의 이름으로 기도했다가 실패한 적이 있는가?

천국 은행에 다녀올 때마다 '예수의 이름으로' 구한 것을 확실히 얻었다고 자신 있게 말할 수 있는 사람이 과연 몇 명이나 될까? 어디에서 잘못된 것일까? 우리를 향한 하나님의 뜻을 배우려고 노력하지 않아서 그렇게 된 것은 아닐까? 우리는 하나님의 뜻을 넘어서려고 애쓰면 안 된다.

지금까지 한 번도 공개한 적이 없는 개인적인 체험 한 가지를 말하려고 한다. 30여 년 전에 일어났던 이 일은 나에게 매우 독특한 체험이었다. 이 이야기는, 우리가 기도에 대해 배우고자 하는 바에 대한 비할 데 없이 좋은 예가 될 것이다.

하루는 무척 바쁘게 지내는 유복한 친구 하나가 나에게 1파운드의 돈을 주려고 했다. 그는 나를 사무실로 불러 1파운드짜리 수표를 급히 써주었다. 그리고 수표를 접어 내 손에 건네주면서 "은행에 가서 현금으로 바꾸어 쓰게!"라고 말했다.

나는 은행에 도착하자마자 수표의 금액을 확인하지도 않고 배서(背書)한 뒤에 창구에 있는 직원에게 내밀었다. 그런데 그 직원이 곁눈질로 나를 주의 깊게 살피면서 "손님, 죄송하지만 너무 큰 금액이라 창구에서 바꾸어드릴 수가 없습니다"라고 말하는 게 아닌가?

"그런가요?"

나는 웃으면서 대답했다.

"1파운드인걸요?"

"아닙니다."

직원이 대답했다.

"이건 1천 파운드짜리 수표입니다."

정말 그랬다. 내 친구가 거액의 수표를 쓰는 것이 습관이 되어 1파운드짜리 수표 대신에 1천 파운드짜리 수표를 써준 것이었다. 이럴 때, 나의 법률적 위치는 어떠한가? 그 수표는 분명히 내 친구의 이름으로 되어 있었다. 서명도 이상이 없었고, 배서도 문제가 없었다. 친구의 계좌에 충분한 금액이 예치되어 있는 한, 내가 1천 파운드를 인출하는 데에는 아무런 문제가 없었다. 그 수표는 내 친구가 자발적으로, 물론 급히 발행하기는 했지만, 자유의사로 내게 써준 것이었다. 내가 그 친구의 선물을 받아서는 안 될 이유가 있는가? 1천 파운드를 찾으면 안 될 까닭이 무엇인가?

그 친구는 내게 사랑과 호의를 베푼 너그러운 친구였으며, 속마음까지 다 보여준 절친한 친구였다. 나는 그 친구가 무엇을 소망하고 어떤 것을 갈망하는지 잘 알고 있었다.

그 친구는 내게 1파운드를 주고자 했지, 그 이상을 주고자 하지 않았다. 나는 친구의 의도와 마음을 잘 알고 있었다. 그래서 너무도 관대한 금액이 기입된 수표를 즉시 회수하여 적절한 때가 되었을 때에 그 친구의 계획에 따라 정확히 1파운드만 받았다. 만약 그 친구가 내게 금액이 적혀 있지 않은 백지수표를 주었더라도 결과는 동일했을 것이다. 그 친구는, 내가 1파운드의 금액만 기입하기를 기대했을 것이다. 그렇게 하는 것은 나의 명예에 관한 문제였다.

하나님께서는 우리 각자를 위한 계획과 뜻을 갖고 계신다. 그러므로 우리가 그 뜻을 알고자 노력하지 않으면, 1파운드가 우리를 위한 최선의 금액이라고 하나님께서 생각하시는 때에, 1천 파운드를 구하기 쉽다. 우리는 기도할 때에 친구가 되시는 사랑의 예수께 나아간다. 우리는 그분께 모든 것을 빚지고 있다. 아버지께서는 원할 때는 언제든지 와서 필요한 것을 찾아가라고 명하신다. 하나님의 자원은 무한하다.

그러나 하나님께서는 그분의 뜻에 합당한 것, 곧 하나님의 이름을 영화롭게 하는 것만 구해야 한다는 사실을 기억하라고 우리에게 말씀하신다. 사도 요한은 "그의 뜻대로 무엇을 구하면 들으심이라"(요일 5:14)라고 말했다. 우리의 친구이신 하나님께서는 백지수표를 건네시면서 무엇이든 바라는 것을 기입하라고 말씀하신다. 그렇지만 아버지께서는, 우리가 진정으로 하나님을 사랑한다면 하나님께서 주시고자 하지 않는 것을 결코 기입하지(구하지) 않으리라는 것(그런 것은 우리에게 심히 해롭기 때문에)을 잘 알고 계신다. 그런데 우리는 정반대의 측면에서 잘못을 범하고 있는 것 같다. 하나님께서는 우리에게 백지수표를 주시며 "1천 파운드를 구하라"라고 말씀하시는데, 우리는 1백 파운드만 구하고 있는 것이다. 혹시 우리가 이런 식으로 하나님을 모욕하고 있는 것은 아닌가? 우리는 하나님의 뜻대로 충분히 구하고 있는가? 우리는 "영광 가운데 그 풍성한 대로"(빌 4:19) 구하고 있는가?

그러므로 심사숙고해야 할 점은, 우리를 향한 하나님의 뜻을 알지 못하면 주님의 이름으로 기도하고 있는지 확신할 수 없다는 것이다.

셋째, 올바른 동기를 가져라.

그러나 아직도 우리는 '예수의 이름으로'라는 구절의 의미를 완전히 소화하지 못하였다. 우리는 다른 사람의 이름으로 무엇을 구하는 게 어떤 것인지 잘 알고 있다. 당신은 신뢰성이 결여된 사람이 당신의 이름을 사용하지 못하게 하려고 매우 조심할 것이다. 그렇지 않으면 그가 당신의 이름을 남용(濫用)하여 당신에 대한 평판을 훼손시킬 것이기 때문이다. 주인의 신임을 받던 사환 게하시는 나아만 장군을 쫓아 갔을 때에 엘리사의 이름을 남용하였다. 그는 엘리사의 이름으로 부(富)를 얻었지만 이러한 악한 행위로 저주를 받았다.

고용주의 신임을 받는 직원은 종종 고용주의 이름을 사용하여 거액의 돈을 자기 것인 양 취급한다. 그러나 그는 고용주가 자신에게 그런 일을 맡길 만큼 자신을 신임하고 있을 때에만 그런 행동을 할 수 있다. 그리고 그는 자신을 위해서가 아니라 주인을 위해서 그 돈을 사용한다. 마찬가지로 우리 모든 재산은 우리의 주인이신 예수 그리스도의 것이다. 우리가 기도로 얻을 것을 하나님의 영광을 위해 사용한다면, 그것을 공급받기 위해 그리스도의 이름으로 하나님께 나아갈 수 있을 것이다.

당신이 은행에 가서 수표를 현금으로 바꾸고자 할 때, 수표를 발행한 사람의 서명이 진짜이고 당신이 그 돈을 수령할 만한 법적 권한이 있는 사람이라면 은행 측은 기꺼이 돈을 내어줄 것이다. 은행은 당신의 성품에 대해 조회하지 않는다. 은행은 당신이 그 돈을 받을 만한 가치가 있는 사람인지, 그 돈을 제대로 사용할 만큼 신임할 수 있는 사람인지 조사할 권한이 없다. 그러나 천국 은행에서는 그렇지가 않다. 이 점이 매우 중요하니 신중하게 읽기 바란다. 지금 내가 하는 말을 건성으로 읽고 넘어가지 말라. 당신이 그리스도의 측량할 수 없는 부(富) 앞으로 발행된 수표를 들고 예수의 이름으로 천국 은행에 갈 때, 하나님은 당신이 그것을 수령할 만한 가치가 있는 사람인지를 보신다. 어떤 자격을 갖추거나 공로를 세워야 한다는 말이 아니라, 그 선물을 나 자신의 이익이 아닌 오직 하나님의 영광을 위해 구해야 한다는 말이다. 그렇지 않으면 당신은 구해도 얻지 못할 것이다(약 4:3).

우리의 동기가 올바르지 않으면 하늘에 계신 은행가께서는 우리의 수표를 현금으로 바꿔주지 않으신다. 오늘날 너무도 많은 그리스도인이 기도에 실패하고 있는 이유가 바로 이것 때문이 아닐까?

예수의 이름은 그리스도의 성품을 나타낸다. 그러므로 예수의 이름으로 기도한다는 것은 그리스도께 보냄을 받은 대리인으로서 예수의 영(靈)으로 말미암아 예수의 성품을 따라 살면서 예수의 뜻을 따라 기도한다는 의미를 갖는다. 그것은 그리스도의 승인을 받아 구하는 것이며, 그리스도께서 구하는 것과 똑같은 것을 구하는 것이며, 그리스도께서 원하시는 것을 하게 해달라고 도움을 요청하는 것이며, 오직 그리스도의 영광을 위해 그런 일을 하기를 소망하는 것이다.

예수의 이름으로 기도하기를 진정으로 원한다면 우리의 관심과 목적이 무엇인지 다시 한 번 분명하게 점검해봐야 한다. 당신의 자아와 자아의 욕구를 성령으로 온전히 다스려, 당신의 의지가 그리스도의 뜻과 조화를 이루도록 해야 한다.

어거스틴은 다음과 같이 구하였다.

"오, 주님! 주님의 뜻이 마치 제 뜻인 것처럼 행할 수 있게 허락하소서. 그리하여 제 뜻이 마치 주님의 뜻인 것처럼 행하소서!"

우리 모두가 이러한 태도를 지녀야 할 것이다.

하나님의 자녀여! 이런 말을 들을 때 불가능하다는 느낌을 받는가? 그것은 주님이 의도하신 바가 결코 아니다. 주님은 우리를 우롱하지 않으신다. 아버지께서 그 자녀에게 성령을 보내주실 것이라고 예수님은 분명히 말씀하셨다.

> 보혜사 곧 아버지께서 내 이름으로 보내실 성령 그가 너희에게
> 모든 것을 가르치시고 내가 너희에게 말한 모든 것을 생각나게
> 하시리라 _요 14:26

성령은 누구신가? 우리의 기도를 돕는 가장 큰 조력자(助力者)가 아니신가? 하나님께서는 우리가 성령의 다스림을 받아 예수의 이름으로 행동하기를 바라신다.

무릇 하나님의 영으로 인도함을 받는 그들은 곧 하나님의 아들이

라 _롬 8:14

하나님의 자녀는 누구든지 성령의 인도함을 받아 예수 그리스도의 이름으로 기도를 드릴 수 있다.

주님은 다소 사람 사울에 대해 다음과 같이 말씀하셨다.

이 사람은 내 이름을 이방인과 임금들과 이스라엘 자손들 앞에

전하기 위하여 택한 나의 그릇이라 _행 9:15

그리고 바울은 "나를 택정하시고 은혜로 나를 부르신 이가 그 아들을 이방에 전하기 위하여 그를 내 속에 나타내시기를 기뻐하셨다"(갈 1:15,16)라고 고백했다. 예수의 이름을 사람들 앞에 전하지 않으면 예수의 이름으로 아무것도 구할 수 없다. 그리고 이것은 오로지 우리가 그리스도 안에 거하고 그리스도의 말씀이 우리 안에 거할 때에만 가능하다. 그러므로 우리는, 마음이 올바르지 않으면 기도가 잘못될 수밖에 없다는 결론에 도달하게 된다.

주님의 계명을 지켜라

다음 세 가지 약속은 다른 말로 표현되어 있지만 우리에게 동일한 뜻을 전달한다.

너희가 내 이름으로 무엇을 구하든지 내가 시행하리니 _요 14:13

너희가 내 안에 거하고 내 말이 너희 안에 거하면 무엇이든지 원
하는 대로 구하라 그리하면 이루리라 _요 15:7

그의 뜻대로 무엇을 구하면 들으심이라 … 우리가 그에게 구한
그것을 얻은 줄을 또한 아느니라 _요일 5:14,15

이 세 가지 약속을 사도 요한의 말로 요약해보자.

무엇이든지 구하는 바를 그에게 받나니 이는 우리가 그의 계명들
을 지키고 그 앞에서 기뻐하시는 것을 행함이라 _요일 3:22

우리가 주님의 계명을 지킬 때에 주님은 우리가 구하는 것을 이루
어주신다. 하나님께 귀를 기울여라. 그러면 그분께서 당신에게 귀를
기울이실 것이다. '주님 안에 거하라'라는 조건을 충족시키기만 하면
하나님은 그분의 나라, 곧 천국을 대신 다스릴 권세를 우리에게 허락
하실 것이다. 정말 놀랍지 않은가? 그러므로 주님의 마음과 소망과 뜻
을 깨닫기 위해 간절하고도 진지하게 노력해야 하지 않겠는가? 그런
데도 어떤 이들은 사리(私利)를 꾀하다가 그러한 측량할 수 없는 부를
놓치고 있다니 실로 안타깝다. 우리는 하나님의 뜻이 우리를 위한 최

선이라는 것을, 하나님께서 우리를 축복하기를 원하시고 또한 우리를 축복 그 자체로 만들기를 갈망하고 계시다는 것을, 우리의 의향을 따르다가는 자기 자신과 주변 사람들에게 필경 해로움과 상처를 줄 수밖에 없다는 것을 잘 알고 있다.

하나님의 자녀여! 아버지를 온전히 전폭적으로 신뢰하지 않는 까닭이 무엇이란 말인가? 우리는 이 대목에서 또다시 거룩한 삶과 마주하게 된다. 우리 구세주의 기도로의 부르심이 곧 거룩함으로의 낭랑한 부르심이다. "거룩하라"(벧전 1:16), 이것이 없이는 "아무도 주를 보지 못할 것이며"(히 12:14) 기도 또한 효력을 발휘하지 못할 것이다.

하나님의 뜻을 어떻게 알 수 있을까?

기도 응답을 한 번도 받아본 적이 없다는 말은, 하나님의 약속이나 기도의 능력이 잘못되었음을 고발하는 것이 아니라 우리 자신이 잘못되었음을 고발하는 것이다. 기도야말로 우리의 영성(靈性)을 평가하기 위한 가장 훌륭한 테스트이다. 기도하기 위해 노력하는 성도는, 자신이 하나님 보시기에 과연 어디에 서 있는지 즉시 발견하게 될 것이다.

우리가 승리의 삶을 살지 못하면 예수님의 이름으로 기도를 드릴 수 없으며, 기도생활이 필연적으로 연약해지고 변덕스러워지고 열매를 맺지 못할 것이다.

예수님의 이름으로 구한다는 것은 예수님의 뜻대로 구한다는 것과 같다. 그러나 그분의 뜻을 알 수 있을까? 분명히 말하지만 알 수 있다.

사도 바울은 "너희 안에 이 마음을 품으라 곧 그리스도 예수의 마음이니"(빌 2:5)라고 말했을 뿐만 아니라 "우리가 그리스도의 마음을 가졌느니라"(고전 2:16)라고 담대하게 선언했다. 그렇다면 어떻게 해야 그리스도의 마음, 즉 하나님의 뜻을 알 수 있을까?

우리는 다음 말씀을 기억해야 한다.

여호와의 친밀함이 경외하는 자에게 있음이여 _시25:14

먼저 알아두어야 할 것이 있다. 그것은 바로, 하나님의 뜻을 알기를 갈망하지도 않고 그 뜻대로 행하기로 작정하지 않으면 그분께서 뜻을 계시할 것이라 기대하지도 말아야 한다는 것이다. 하나님의 뜻을 깨닫는 것과 그 뜻을 행하는 것을 병행해야 한다는 말이다. 우리는 하나님의 뜻에 순종할 것인지 말 것인지를 결정하기 위해, 먼저 그 뜻을 알고 싶어 하는 경향이 있다. 그러나 그러한 마음 자세는 끝에 가서는 재난을 몰고 온다.

사람이 하나님의 뜻을 행하려 하면 이 교훈이 하나님께로서 왔는지 내가 스스로 말함인지 알리라 _요 7:17

하나님의 뜻은 성경 속에 하나님의 말씀으로 기록되어 있다. 그리고 우리는, 하나님의 약속의 말씀이 곧 하나님의 뜻이라는 것을 알 수 있다. 예를 들면, 우리는 지혜를 구하는 것이 하나님의 뜻임을 확신할 수 있다. 성경은 "너희 중에 누구든지 지혜가 부족하거든 … 하나님께 구하라 그리하면 주시리라"(약 1:5)라고 말한다. 우리를 향한 하나님의 뜻을 발견하기 위해 성경을 공부하지 않는 한, 우리는 능력 있는 기도의 사람이 될 수 없다. 하지만 기도의 가장 큰 조력자는 역시 성령님이시다. 사도 바울이 기록한 감격적인 말씀을 읽어보자.

> 이와 같이 성령도 우리 연약함을 도우시나니 우리가 마땅히 빌 바를 알지 못하나 오직 성령이 말할 수 없는 탄식으로 우리를 위하여 친히 간구하시느니라 마음을 감찰하시는 이가 성령의 생각을 아시나니 이는 성령이 하나님의 뜻대로 성도를 위하여 간구하심이니라 우리가 알거니와 하나님을 사랑하는 자 곧 그 뜻대로 부르심을 입은 자들에게는 모든 것이 합력하여 선을 이루느니라 _롬 8:26-28

이 얼마나 위로가 되는 말씀인가? 우리가 기도할 줄도 모르고 연약하여 성령을 의지한다면 우리의 무지와 무력함이야말로 오히려 큰 축복이 아니겠는가? 주 예수 그리스도의 이름을 송축하라. 우리는 변명의 여지가 없다. 우리는 기도해야 한다. 우리는 기도할 수 있다.

하늘에 계신 우리 아버지께서 "구하는 자에게 성령을 주시며"(눅 11:13), 다른 "좋은 것"(마 7:11)도 주시겠다고 약속하셨다는 것을 기억하라.

주여, 무엇을 하리이까?

하나님의 자녀여! 우리는 종종 기도한다. 그러나 우리의 기도가 연약한 것과 심히도 굼뜬 것을 안타까워한다. 그러나 우리가 진정 '예수의 이름으로' 기도한 적이 있었던가? 당신은 어떤 기도를 어떻게 드려야 할지 모를 때 혹은 기도조차 할 수 없을 때에 성령께서 우리의 기도를 도우신다는 약속을 기억하기 바란다.

예수 그리스도께 진심으로 굴복하는 것이 충분히 가치 있는 일이라고 생각되지 않는가? 뜨겁지도 차지도 않은 미지근한 그리스도인은 하나님에게나 인간에게 전혀 무익하다. 하나님은 그런 사람을 쓰지 않으신다. 인간도 그런 사람을 상대하지 않는다. 대신 위선자로 간주한다. 생활 속에 용인(容認)한 단 하나의 죄가 우리의 유용함과 기쁨을 엉망으로 파괴하고 기도의 능력마저 강탈해간다.

사랑하는 독자여! 우리는 이번 장에서 주 예수 그리스도의 은혜와 영광을 새롭게 바라보았다. 그리스도께서는 자신의 은혜와 영광을 우리와 나누기를 기뻐하시며, 우리를 기꺼이 축복의 통로로 만들기를 원하고 계신다. 그렇다면 신령과 진정으로 하나님을 예배하며 뜨겁고 진지하게 "주여, 내가 무엇을 하리이까?"(행 22:10)라고 부르짖은 다음, 예수의 능력으로 그것을 행해야 하지 않겠는가?

사도 바울은 하늘을 향하여 "주여, 무엇을 하리이까?"라는 기도를 쏘아 올렸다. 그는 어떤 응답을 받았을까? 그의 말을 경청하기 바란다. 그는 자기가 받은 기도 응답이 자신에게 무엇을 의미하는지 다음과 같이 말했다.

> 그러므로 너희는 하나님의 택하신 거룩하고 사랑하신 자처럼 긍휼과 자비와 겸손과 온유와 오래 참음을 옷 입고 누가 뉘게 혐의가 있거든 서로 용납하여 피차 용서하되 주께서 너희를 용서하신 것과 같이 너희도 그리하고 이 모든 것 위에 사랑을 더하라 이는 온전하게 매는 띠니라 그리스도의 평강이 너희 마음을 주장하게 하라 평강을 위하여 너희가 한 몸으로 부르심을 받았나니 또한 너희는 감사하는 자가 되라 그리스도의 말씀이 너희 속에 풍성히 거하여 모든 지혜로 피차 가르치며 권면하고 시와 찬미와 신령한 노래를 부르며 마음에 감사함으로 하나님을 찬양하고 또 무엇을 하든지 말에나 일에나 다 주 예수의 이름으로 하고 그를 힘입어 하나님 아버지께 감사하라 _골 3:12-17

우리가 무엇이든지 '주 예수의 이름'으로 할 때, 오직 그럴 때에만 무엇을 구하든지 하나님께서 이루어주실 것이다.

1. 예수의 이름으로 구한다는 것은 그분의 속죄를 믿는다는 뜻이다.

　　"내 이름으로"라는 예수님의 말씀에는 오직 그리스도 때문에, 그리스도의 속
죄의 죽음으로 인하여 어떤 일이 이루어진다는 의미가 담겨 있다. 즉, 주 예수
님의 이름으로 기도한다는 것은 그리스도께서 직접 피를 흘려 확보하신 것, 곧
우리를 위해 값 주고 사신 것을 구한다는 뜻이다. 그리스도의 속죄의 죽음을
믿지 않는 사람은 그분의 이름으로 기도하지 못할 뿐 아니라, 그 이름으로 구
한다 하더라도 아무 결과도 얻을 수 없다.

2. 주님의 이름으로 구한다는 것은 주님의 뜻대로 구한다는 뜻이다.

　　주님께서는 주님의 뜻에 합당한 것, 곧 하나님의 이름을 영화롭게 하는 것만
구해야 한다는 사실을 기억하라고 우리에게 말씀하신다. 사도 요한은 "그의
뜻대로 무엇을 구하면 들으심이라"(요일 5:14)라고 말했다. 그러므로 심사숙
고해야 할 점은 우리를 향한 주님의 뜻을 알지 못하면 주님의 이름으로 기도하
고 있는지 확신할 수 없다는 것이다.

3. 예수의 이름으로 구한다는 것은 올바른 동기로 구한다는 뜻이다.

　　예수님의 이름은 그리스도의 성품을 나타낸다. 그러므로 예수의 이름으로 기
도한다는 것은 그리스도께 보냄을 받은 대리인으로서 예수의 영으로 말미암
아 예수님의 성품을 따라 살면서 예수님의 뜻을 따라 기도한다는 의미를 갖는
다. 예수의 이름으로 기도하기를 진정으로 원한다면 우리의 관심과 목적이 무
엇인지 다시 한 번 분명하게 점검해봐야 한다.

～

나는 포도나무요 너희는 가지니 저가 내 안에, 내가 저 안에 있으면
이 사람은 과실을 많이 맺나니 나를 떠나서는 너희가 아무것도 할 수 없음이라 요 15:5

강청하며
끈질기게 기도하라

예수께 퇴짜를 맞았음에도 끈질기게 구하였던 가련한 수로보니게 여인을
주께서 얼마나 기쁘게 여기셨던가!
주님은 그 여인의 끈질긴 요구를 칭찬하며 축복하셨다.

기도 시간의 분량보다 중요한 것

기도는 시간의 분량이 아니라 강도(强度)에 의해 평가된다. '기도의 사람 하이드' 같은 그리스도인에 대한 이야기를 읽은 진지한 영혼은 '나도 이 사람처럼 기도해야 하는데….' 하고 걱정스러운 마음을 가질 것이다.

우리는 어떤 사람이 식사를 거르고 잠까지 안 자면서, 온종일 혹은 밤이 새도록 기도했다는 이야기를 듣는다. 그리고 그런 이야기를 들을 때마다 깜짝 놀라며 다음과 같이 자문(自問)한다.

'나도 그렇게 해야 하지 않을까? 나도 그 사람의 모범을 따라야 하지 않을까?'

그러나 그러한 기도의 사람이 기도할 때에 시간을 재면서 하지는

않는다는 사실을 기억하기 바란다. 그가 그렇게 오랫동안 기도하는 까닭은, 기도를 멈출 수가 없기 때문이다.

당신은 그런 기도의 사람의 궤적(軌跡)을 따라야 한다고, 내가 이미 앞의 여러 장에서 암시했다고 항의할지 모른다. 그러나 하나님의 자녀여! 그런 두려운 생각으로 자신을 괴롭히지 말라. 대신 주님이 시키시는 일, 즉 주님이 하라고 이끄시는 일만 하도록 힘써라. 그 일에 대해 생각하고, 그 일에 대해 기도하라.

예수께서는 하늘에 계신 사랑이 풍성하신 우리의 아버지께 기도하라고 명하셨다. 우리는 때로 '그 크신 하나님의 사랑'을 노래한다. 그 누구도 그 사랑의 깊이를 잴 수 없다.

하나님은 우리에게 무거운 짐을 지우거나 진저리가 나는 의무를 부과하기 위해 기도를 주신 것이 아니다. 오히려 한계가 없는 기쁨과 능력을 얻으라고, "긍휼하심을 받고 때를 따라 돕는 은혜를 얻으라고"(히 4:16) 기도를 주신 것이다. 이 구절의 "때를 따라"는 '필요한 때'이다. "기도하라"(마 6:9)라는 말씀은 복종해야 하는 명령이기보다는 흔쾌히 받아들여야 할 초대이다.

아버지한테 무엇을 부탁하는 것이 어린아이에게 짐이 될까? 아버지는 자녀를 몹시도 사랑하기 때문에 언제나 가장 좋은 것을 주려고 애쓰며, 자녀가 고통이나 슬픔을 당하지 않도록 자상하게 보살피고 지킨다. 하늘에 계신 우리 아버지께서는 세상에 있는 어떤 아버지보다 더 극진하게 우리를 사랑하신다. 예수께서도 세상에 있는 어떤 친구보다 더 진실하게 우리를 대하신다. 혹시라도 '기도'라는 이 귀한 주제에 관해 지금 하는 말들이 기도에 대해 알고자 갈망하는 사람의 마음에 상처를 준다고 해도, 하나님께서는 사랑으로 나를 용서해주실 것이다.

예수님은 "구하기 전에 너희에게 있어야 할 것을 하나님 너희 아버지께서 아시느니라"(마 6:8)라고 말씀하셨다. 이렇듯 하나님께서 우리가 구하기 전에 우리에게 있어야 할 것을 아신다고 하므로, 우리는 그분을 신뢰할 수 있고 아무것도 걱정할 필요가 없다.

선생님은 어떤 아이가 숙제를 게을리 하거나 지각이나 결석을 했다고 야단칠지 모르지만 부모는 아이의 모든 사정을 안다. 부모는 그 꼬마가 집안일을 한다는 것을, 질병이나 가난으로 무거운 짐을 지고 있다는 것을 너무나 잘 안다. 하늘에 계신 아버지께서도 우리의 모든 사정을 알고 계신다. 하나님은 우리에게 오래 기도할 만한 여유가 없다는 것을 알고 계신다. 그래서 때로는 우리에게 여유를 만들어주기도 하신다. 하나님은 우리가 위를 바라볼 수 있도록 눕히신다.

그가 나를 푸른 초장에 누이시며 _시 23:2

심지어 그럴 때에라도 우리 육신이 연약하여 종종 오랜 시간을 기도하지 못한다. 그러나 핑계가 제아무리 그럴 듯하고 타당하다 하더라도, 기도에 대해 진지하게 생각하는 사람이 과연 몇이나 되는지 묻지 않을 수 없다.

어떤 사람은 정말로 기도를 많이 해야 한다. 그 사람이 수행하는 일 자체가 기도를 절실히 요구하기 때문이다. 그는 영적 지도자로 존경을 받고 있을 수도 있으며, 다른 사람의 영적인 훈련을 책임지고 있을 수도 있다. 하나님께서는 다른 사람들을 위해 기도하기를 쉬는 죄를 범하지 말도록 경고하셨다(삼상 12:23). 그렇다. 몇몇 사람에게는 기도하는 것이 사무이며, 평생의 일이기도 하다. 또는 주위에 고통을 안겨 주는 친구들만 있어서 주님 안에서 친구를 사귀어보지 못한 사람도 있다. 그런 사람은 믿음의 친구를 얻기 위해 기도하지 않을 수 없다. 이러한 여러 가지 영혼의 무거운 짐을 지고 있을 때에 우리는 '얼마나 오래 기도해야 하지?'라고 생각할 겨를도 없이 기도에 전념하게 될 것이다.

정말로 기도 시간을 낼 수 없는가?

우리는 수많은 사람의 기도생활을 에워싸고 있는 어려움을 잘 알고 있다. 이 글을 쓰고 있는 지금, 내 앞에 편지 더미가 쌓여 있다. 그 내용은 기도하지 못하는 이유에 관한 변명과 항의로 가득하다. 그러나 사실 그들이 그러한 목적을 위해 내게 편지를 쓴 것일까? 아니다. 절대 그렇지 않다. 편지에는 생활 속에서 하나님의 뜻을 알고자 하는 깊은 열망과 기도로의 부르심에 순종하기 위한 방도를 찾고자 하는 갈망의 저류(底流)가 흐르고 있다.

편지에는 은밀한 기도의 시간을 갖고 싶어도 바쁜 일에서 빠져나오기 어려운 사람, 침실을 혼자 쓰지 않기 때문에 기도할 장소가 없는 사람, 빨래와 요리와 바느질과 청소와 장보기와 손님 접대 등의 허드렛일에 치여 바쁜 나날을 보내는 주부, 피곤에 찌든 나머지 하루의 업무가 끝나도 기도할 엄두를 내지 못하는 직장인의 사정이 고스란히 적혀 있다.

하나님의 자녀여! 하늘에 계신 아버지께서는 이 모든 사정을 다 헤아리신다. 하나님은 인정사정 모르는 매정한 현장 감독이 아니시다. 하나님은 우리 아버지시다. 기도할 시간이 없는가? 아니면 은밀하게 기도할 장소가 없는가? 그렇다면 그 모든 것을 아버지께 아뢰어라. 그러면 당신이 자신도 모르게 무릎 꿇고 있다는 것을 깨닫게 될 것이다.

혼자 있는 시간을 확보하기 어렵거나 교회에 잠시라도 들어갈 기회를 얻기 어려운 사람에게 사도 바울의 놀라운 기도생활에 대해 말해주고 싶다. 당신은 신약의 서신서에서 볼 수 있는 그의 기도의 대부분이 그가 감옥에 갇혔을 때에 기록한 것이라는 사실을 알고 있는가? 그 장면을 상상해보라. 그는 쇠사슬에 매여 주야로 로마 병사의 감시를 받으며 단 한 순간이라도 혼자 있는 시간을 갖지 못했다. 에바브라는 잠시 그곳에 거하면서 제 스승의 기도의 열정을 본받았다. 누가도 거기에 있었는지 모른다. 너무도 단출한 기도회가 아니었겠는가? 그에게는 은밀하게 기도할 기회가 없었다. 그렇다. 우리는 쇠고랑에 결박된 채 아무것도 할 수 없는, 기도할 수 있는 환경이 아닌 상황에서 나온 위로와 격려에 엄청난 빚을 지고 있는 것이다.

당신은 혼자 있을 시간이 거의 없을지도 모른다. 하지만 최소한 당신의 손은 쇠사슬에 묶여 있지 않으며, 입술과 심령도 구속을 받지 않은 상태일 것이다. 그렇다면 당신은 기도할 시간을 낼 수 있는가?

내 생각이 틀린 것인지도 모르지만, 기도에 너무나 많은 시간을 쏟은 나머지 음식과 수면을 충분히 취하지 못하여 신체적인 건강을 해치는 것은 우리를 향한 하나님의 뜻이 아니라고 본다. 거의 대부분의 사람은 육신이 약한 연고로 강렬한 기도의 불길 속에 오래 머물러 있는 것이 불가능하다.

어떤 자세로 기도하느냐 하는 것도 중요한 문제가 아니다. 무릎을 꿇고 기도하든 서서 기도하든 앉아서 기도하든 걸으면서 기도하든 일하면서 기도하든 하나님은 다 들으신다.

하나님께서는 더욱더 많이 기도하기 위해 휴식 시간을 줄이는 사람에게 때로 특별한 힘을 부어주신다. 한번은 열심히 기도하며 하나님과 교제하기 위해 매일 아침 일찍 일어나려고 노력한 적이 있다. 그렇게 며칠이 지나자 집중력과 효율이 떨어져 일상생활을 유지하기가 힘들어졌고, 초저녁부터 잠이 쏟아져 눈을 뜨고 있기가 어려웠다. 그러나 우리는 할 수 있는 대로 많은 시간을 기도하는 데 쏟아야 한다. 이른 새벽 시간에 기도하지 않고 젊은 시절을 그냥 흘려보낸 것이 지금도 내게는 후회로 남아 있다.

일상생활에서 기도하라

하나님의 영감(靈感)을 받은 말씀은 우리에게 "쉬지 말고 기도하라"(살전 5:17)라고 명령한다.

사랑하는 주님은 항상 기도하고 낙망치 말라고 말씀하셨다(눅 18:1). 물론 이 말씀이, 우리가 항상 무릎을 꿇고 살아야 한다는 것을 의미하는 것은 아니다. 우리가 기도하기 위해 마땅히 해야 할 일을 게을리 하는 것은 하나님께서 바라시는 일이 결코 아니다. 그러나 우리가 일보다 기도에 더 많은 시간을 투자할 때, 일을 더 잘할 수 있고 많은 일을 할 수 있다는 것 또한 분명한 사실이다.

일상생활을 열심히 하자. 부지런하여 게으른 사람이 되지 말자(롬 12:11). 사도 바울은 "형제들아 권하노니 더 많이 하고 … 자기 일을 하고 너희 손으로 일하기를 힘쓰라 이는 외인을 대하여 단정히 행하고 또한 아무 궁핍함이 없게 하려 함이라"(살전 4:10-12)라고 했으며 또한 "누구든지 일하기 싫어하거든 먹지도 말게 하라"(살후 3:10)라고 권고했다.

우리는 기도를 통해 아버지께 "거룩한 손을 들어올릴"(딤전 2:8) 기회(이렇게 못한다면 적어도 거룩한 마음을 지닐 기회)가 수없이 많지 않은가? 당신은 매일 새날을 맞아 눈을 뜰 때마다 우리를 구속(救贖)하신 주님을 찬양하고 경배할 기회를 포착하고 있는가? 그렇기 때문에 그리스도인에게는 하루하루가 부활절이다.

우리는 옷을 입으면서도 기도할 수 있다. 그러나 기도를 상기시켜

주는 어떤 것이 없으면 쉽게 잊어버리기 쉽다. 그러니 당신의 방이나 사무실의 거울 한 모퉁이에 "쉬지 말고 기도하라"라는 글이 적힌 쪽지를 붙여놓아라. 지금 즉시 하라! 그러면 한 가지 일을 끝내고 다른 일을 할 때에 기도할 수 있을 것이다. 일을 하면서도 기도할 수 있을 것이다. 그렇게 하면 아기를 돌보거나 글을 쓰거나 자동차를 수리하거나 집안일을 돌보는 것을 훨씬 더 효율적으로 할 수 있을 것이다.

자녀는 나이가 어리든지 많든지 자기를 사랑해주는 누군가가 곁에서 지켜볼 때에 무엇이든 더 잘하지 않는가? 그렇다면 주 예수 그리스도께서 우리와 항상 함께 계시며, 우리를 지켜보시며 도우신다는 사실을 늘 기억할 때에 우리도 당연히 그렇지 않겠는가? 하나님 아버지의 눈이 항상 우리를 향하고 있다는 사실을 인식할 때에 그분의 능력이 우리 안에 있음을 의식하게 될 것이다.

사도 바울은 "너희 관용을 모든 사람에게 알게 하라 주께서 가까우시니라 아무것도 염려하지 말고 오직 모든 일에 기도와 간구로 너희 구할 것을 감사함으로 하나님께 아뢰라"(빌 4:5,6)라고 말했다. 여기에서 말하는 "기도"는, 시간을 정해놓고 드리는 기도보다는 평소에 버릇처럼 으레 생활 속에서 드리는 기도를 염두에 두고 말한 것이라 생각되지 않는가? 또한 이 구절의 "모든 일에"는, 세상 풍파가 순간순간 우리를 향해 밀어닥칠 때에 그것을 '가까우신'(종말적 의미에서뿐만 아니라 언제나 우리와 함께하신다는 의미에서) 주님을 향한 찬양의 이유로 삼아야 한다는 권고가 아닐까?

기도는 '가까우신' 하나님께 드리는 것이다. 이 얼마나 복된 말씀인가? 예수님은 제자들을 파송하실 때, 다음과 같이 말씀하셨다.

볼지어다 내가 세상 끝 날까지 너희와 항상 함께 있으리라 _마 28:20

저명한 의사 토머스 브라운(Thomas Browne) 경(卿)은 이러한 기도의 자세를 깊이 받아들여 다음과 같이 서원하였다.

"집이든 도로든 거리든 고요한 곳이라면, 나는 어디서든지 기도할 것입니다. 제가 이 도시의 모든 거리에서 하나님과 저의 구세주를 기억하고 있다는 사실을 거리의 모든 사람이 분명히 목격하도록 하겠습니다. 제가 방문했던 교구나 마을 사람들 모두가 이 사실을 말하도록 하겠습니다. 길을 가다가 어떤 교회를 보면 현장에서 기도할 기회로 여기겠습니다. 특별히 제 환자들을 위해 그리고 어떤 의사에게 치료를 받고 있든지 상관없이 모든 환자를 위해 날마다 기도할 것입니다. 환자의 집에 들어갈 때면 '하나님의 평화와 자비가 깃들기를 빕니다'라고 축복할 것입니다. 설교 후에 기도할 것이며 축복을 갈망할 것이며 목사님을 위해서 기도할 것입니다."

기도하기 어려운 까닭

당신은 길든 짧든 일정한 기도 시간을 갖지 않으면서도 복되신 주님과 습관적으로 교통(交通)하는 것이 과연 가능한지 의문을 제기할지도 모른다. 그렇다면 당신은 일정한 시간을 정해놓고 기도하고 있는 가? 앞에서 언급한 것처럼, 기도는 어린아이가 아빠에게 무엇을 구하 는 것만큼이나 단순한 것이다. 만약 사탄이 존재하지 않는다면 이런 말을 자세히 설명할 필요도 없을 것이다.

사탄은, 우리가 기도로 하나님께 나아가는 것을 방해하고 믿음의 기도를 저지하기 위해 할 수 있는 모든 것을 시도한다. 이는 추호(秋毫) 의 의심의 여지가 없는 사실이다. 사탄이 주로 사용하는 전략은 '필요 한 것에 대한 생각'으로 우리 마음을 가득 채우는 것이다. 하나님, 곧 우리의 기도를 들으시는 자상하신 아버지에 대한 생각이 우리 마음을 차지하지 못하도록 만드는 것이다. 사탄은, 우리에게 선물을 주시는 분보다 선물 자체에 더 많은 관심을 갖기를 바란다.

예를 들어, 성령께서 우리를 이끌어 어떤 지체를 위해 기도하도록 하실 때에 우리는 "오, 하나님! 저 지체를 축복하소서!"라고 말한다. 그리고 이내 우리의 생각은 그 지체의 어려운 사정과 걱정, 바람 등을 향해 흐르고, 결국 우리의 기도는 그것들에 매몰되고 만다.

사탄은, 우리가 생각을 하나님께 집중시키기 어렵도록 만든다. 하 나님께 무엇을 구하기 이전에 그분의 임재와 능력과 영광을 온전히 맛보아야 한다고 강력히 촉구하는 까닭이 바로 이러한 이유 때문이 다. 사탄이 없다면 기도의 어려움도 없을 것이다. 기도를 불가능하게 만드는 것이 사탄의 주요 목표이다. 이처럼 사탄이 우리 마음에서 역 사하기 때문에, 우리가 주님의 산상수훈(山上垂訓)을 인용하여 소위 "중

언부언하는 것"과 "말을 많이 하는 것"(마 6:7)이 잘못되었다고 공공연히 지적하는 사람의 견해에 공감하기가 어려운 것이다.

긴 기도를 싫어하시는 하나님?

최근에 런던의 유명한 어느 목회자가 "하나님께서는 우리가 오래 기도함으로써 시간을 낭비하는 것을 바라지 않으신다. 우리는 능률적으로 기도해야 한다. 그래서 원하는 것을 간단명료하게 아뢴 뒤에 그것으로 끝내야 한다"라고 말했다. 그렇다면 그는 기도가 단지 우리의 필요 사항을 하나님께 숙지(熟知)시키는 것이라고 생각하는 것인가? 만약 기도에 담긴 의미가 오직 그것뿐이라면, 우리는 기도할 필요가 없을 것이다. 왜냐하면 예수께서 제자들에게 "구하기 전에 너희에게 있어야 할 것을 하나님 너희 아버지께서 아시느니라"(마 6:8)라고 분명히 말씀하셨기 때문이다.

우리는 예수께서 몇 가지 '긴 기도'를 꾸짖으셨다는 사실을 잘 알고 있다(마 23:14, 개역한글성경에는 14절이 없지만 영어성경 흠정역에는 "화 있을진저 외식하는 서기관들과 바리새인들이여 너희가 과부의 가산을 삼키며 사람에게 보이기 위해 길게 기도하니 그 받는 판결이 더욱 중하리라"라고 기록되어 있다). 그러나 예수님이 꾸짖으신 긴 기도는 외식으로 하는 기도였다(눅 20:47).

사랑하는 기도의 사람이여! 내 말을 가벼이 여기지 말기 바란다. 주님은 주일마다 우리가 기도회에서 드리는 긴 기도를, 기도회 자체를 죽이는 그런 기도를, 허약한 숨소리나 무가치한 말을 늘어놓아 간구하는 그런 기도를 똑같이 꾸짖으실 것이다.

그러나 하나님께서는 진실한 마음으로 드리는 긴 기도를 결코 꾸짖지 않으신다. 예수님이 때로 기도하시며 긴 밤을 지새우셨다는 사실을 잊지 말자. 주님이 얼마나 자주 그렇게 기도하셨는지는 알 수 없지만, 성경은 그런 사례를 종종 전하고 있다. 또한 주님은 때로 "새벽 오히려 미명에 일어나 한적한 곳으로 가사 거기서 기도하셨다"(막 1:35).

완벽한 인간이셨던 예수님이 우리보다 훨씬 더 많이 기도하신 것이다. 모든 시대의 능력 있는 종들이 기도로 하나님과 밤을 지새운 뒤, 이튿날 사람들에게 하나님의 권세를 나타냈다는 것은 명백한 사실이다.

예수님은 도움이 필요한 사람들의 절박한 요청과 그분의 능력을 입증할 수 있는 수많은 기회들 앞에서도, 그것들을 핑계로 스스로에게 기도를 면제해주시지 않았다(아마 우리는 무지하여 주님께서 그렇게 하셨을 수도 있다고 생각할지 모르지만). 예수님의 인기가 절정에 달했던 때, 모든 사람이 주님과의 사귐과 말씀을 갈구했던 때, 주님은 몹시도 바쁜 하루를 보낸 뒤에 군중에게서 등을 돌리시고 물러나 산으로 기도하러 가셨다.

무리를 보내신 후에 기도하러 따로 산에 올라가시다 저물매 거기
혼자 계시더니 _마 14:23

한번은 "허다한 무리가 말씀도 듣고 자기 병도 나음을 얻고자 하여 모여 왔다"(눅 5:15). 그러나 주님은 그때 "물러가사 한적한 곳에서 기도하셨다"(눅 5:16). 왜 그러셨을까? 지속적인 기도가 지속적인 봉사보다 훨씬 더 강력하다는 것을 알고 계셨기 때문이다.

우리는 종종 너무 바빠 기도할 수 없다고 말한다. 하지만 예수님은 바쁠수록 더욱 기도하셨다. 때로 주님은 식사할 겨를도 없으셨고(막 3:20), 휴식이나 수면을 취할 시간도 없으셨다(마 8:24; 막 6:31). 그렇지만 주님은 언제나 시간을 내어 기도하셨다. 우리의 구세주이신 주님께 빈번하고 때로는 긴 기도가 필요했다면 하물며 우리에게는 어떻겠는가?

약속을 통해 응답이 보장된 기도

사람들을 설득하여 내 견해에 동조하게 하려고 이런 말을 하는 것이 아니다. 그런 것은 정말로 하찮은 문제이다. 나는 단지 진리를 알기를 원할 뿐이다. 스펄전은 말했다.

"우리는 빙 돌려 말할 필요도 없고, 주님의 손에서 갈망하는 것이 무엇인지 또렷하게 말하지 않을 권리도 없다. 세련된 언어를 사용하려는 시도는 우리에게 적합하지 않다. 대신 우리가 원하는 것을 가장 단순하고 가장 직접적인 방법으로 하나님께 구하자. 나는 '약속을 통해 응답이 보장된 기도'를 믿는다. 하나님께서 말씀 속에 주신 수많은 약속 가운데 어느 하나를 기도를 통해 그분께 가져가면, (은행에 수표를 현금으로 바꾸러 갈 때에 돈을 받을 수 있을 것이라고 당연하게 믿는 것처럼) 그 약속이 확실하게 이루어질 것임을 믿는다는 말이다. 현금을 찾으러 은행에 가서, 그곳에 간 본래의 목적은 수행하지 않고 창구 직원과 잡담을 주고받으며 빈둥거리다가 빈손으로 돌아온다는 것은 생각할 수도 없는 일이다. 대신 우리는 수표의 소지자에게 일정 금액을 지불하겠다는 약속을 창구 직원에게 제출하고, 얼마짜리 지폐로 그 돈을 수령하기를 원하는지 밝히고, 그가 보는 앞에서 액수가 맞는지 돈을 세고, 돌아와 다른 일을 시작해야 한다. 이것이 바로, 천국 은행에서 물자를 인출하는 방법의 실례이다."

참으로 훌륭한 묘사가 아닐 수 없다!

그러니 반드시 명확하게 기도하자. 혹시라도 지금까지 유창한 수사법을 구사하며 장황하게 기도해왔다면 당장 집어치우자. 불필요하게 재잘거리는 것을 피하자. 대신 반드시 받을 것을 기대하며 믿음으로 나아가자.

반복적이고 지속적인 기도

그러나 만약 당신 옆에 서 있는 흉악한 얼굴의 소매치기가 당신의 현금을 낚아채려는 범죄자라는 것을 은행 직원이 알아차린다면, 과연 그 직원은 창구 너머로 쾌히 돈을 건네줄까? 소매치기가 물러갈 때까지 기다리지 않겠는가? 비현실적인 공상이 결코 아니다. 사탄은 여러 가지 방법으로 우리의 기도를 훼방하고, 응답을 지연시킨다고 성경은 우리에게 분명히 가르치고 있다. 그래서 베드로가 남편들에게 기도가 막히지 않게 주의하라고(벧전 3:7) 촉구한 것이 아닌가?

> 악한 자가 와서 그 마음에 뿌리운 것을 빼앗나니 _마 13:19

우리의 기도는 자주 훼방을 받는다.

성경은 실제로 사탄이 기도 응답을 3주나 지연시켰던 사례에 대해 말하고 있다. 반복적이고 지속적인 기도가 필요하다는 것을 강조함과 동시에 사탄이 소유한 비상한 능력에 대해 주의를 환기시키기 위해 이 말을 하는 것이니 주의하여 읽기 바란다. 다음은 상고할 말씀이다.

> 그가 내게 이르되 다니엘아 두려워하지 말라 네가 깨달으려 하여 네 하나님 앞에 스스로 겸비케 하기로 결심하던 첫날부터 네 말 이 들으신 바 되었으므로 내가 네 말로 인하여 왔느니라 그런데 바사국 군(君)이 이십일 일 동안 나를 막았으므로 내가 거기 바사 국 왕들과 함께 머물러 있더니 군장 중 하나 미가엘이 와서 나를 도와주므로 _단 10:12,13

사탄이 기도를 훼방하고 반대한다는 사실을 간과하면 절대 안 된다. 만일 우리가 하나님의 약속과 간구의 제목들을 단 한 번만 구하고 만족할 수 있다면, 이 책은 애당초 기록되지 않았을 것이다. 반복해서 구하면 절대 안 되는 것인가? 예컨대 나는 하나님께서 죄인이 회개하지 않고 사망에 이르기를 원하시지 않는다는 것을 알고 있다. 그래서 담대하게 기도한다.

"오, 하나님! 제 친구를 구원하소서!"

친구의 회개를 위해 반복해서 구하면 안 되는 것인가? 조지 뮬러는 한 친구의 회개를 위해 매일, 그것도 60년 동안 기도했다. 우리는 명확하게 구한 뒤에 받을 것을 확신하고 믿음으로 나아가야 한다. 이것이 앞에서 말했던 '약속을 통해 응답이 보장된 기도'의 의미이다. 그렇다면 이 기도와 '반복적이고 지속적인 기도'가 서로 어긋나지 않는가? 성경은 이에 대해 어떤 빛을 비추어주는가?

예수님은 기도의 지속성과 반복성을 가르치기 위해 두 가지 비유를 드셨다. 한밤중에 친구를 찾아가 떡 세 덩이를 구한 사람은 "그 강청함을 인하여"(눅 11:8), 다시 말하자면 고집스럽게 구하여('강청함'의 문자적인 의미 그대로 '창피함을 무릅쓰고 구하여') 필요한 것을 얻었다. 그리고 한 과부는 불의한 재판관을 "자주 찾아가 번거롭게 하여" 마침내 원한을 풀었다(눅 18:3-5). 이에 대해 예수께서는 "하물며 하나님께서 그 밤낮 부르짖는 택하신 자들의 원한을 풀어주지 아니하시겠느냐 저희에게 오래 참으시겠느냐"(눅 18:7)라고 덧붙이셨다.

예수께 퇴짜를 맞았음에도 끈질기게 구하였던 가련한 수로보니게 여인을 주께서 얼마나 기쁘게 여기셨던가! 주님은 그 여인의 끈질긴 요구에 "여자야 네 믿음이 크도다 네 소원대로 되리라"(마 15:28)라고 칭찬하며 축복하셨다. 사랑하는 예수께서는 겟세마네에서 고뇌(苦惱)

하실 때에 기도를 반복하는 게 필요하다는 것을 알고 계셨다.

> 또 저희를 두시고 나아가 세 번째 동일한 말씀으로 기도하신 후 _마 26:44

기도의 사람 사도 바울 역시 육체의 가시를 제거해달라고 구하고 또 구하였다.

> 이것이 내게서 떠나기 위하여 내가 세 번 주께 간구하였더니 _고후 12:8

하나님께서 우리의 간구에 언제나 즉시 응답하시는 것은 아니다. 때로는 우리가 기도의 응답을 받기에 영적으로 합당한 자리에 있지 못할 수도 있다. 때로는 아버지께서 더 좋은 것을 주시기 위해 "안 돼!"라고 대답하실 수도 있다. 베드로가 감옥에 갇혀 있을 때를 생각해보라. 만약 당신의 자녀가 억울하게 투옥되어 언제 죽을지 모를 상황에 처해 있다면 하나님께 '약속을 통해 응답이 보장된 기도'를 드리겠는가? "오, 하나님! 제 아들을 저들의 손에서 건지소서!"라고 딱 한 번만 구하는 것으로 만족할 수 있겠는가? 만사를 제쳐놓고 간절히 기도하지 않겠는가? 초대교회의 성도들 역시 베드로를 위해 그렇게 기도했다.

> 이에 베드로는 옥에 갇혔고 교회는 그를 위하여 간절히 하나님께
> 빌더라 _행 12:5

성경을 연구하는 학자들은 흠정역성경(King James Version)에 "쉬지 않고"로 번역된 부분이 개정역성경(Revised Version)에서 "간절히"로 바뀌었다는 것을 알아차릴 것이다. 토레이(R. A. Torrey, 20세기 초의 설교가이자 《기도의 영을 받는 법》의 저자)는 두 가지 번역 모두 헬라어 원문의 진의(眞意)를 충분히 반영하지 못한다고 지적한 바 있다. 이 구절의 헬라어 원문은 문자적으로 "팽팽하게 잡아당겨"라는 의미를 갖는다. 이것은 진지하고도 강렬한 욕구로 극도로 긴장해 있는 영혼을 나타낸다. 초대교회의 성도들은 사도 베드로를 위하여 뜨겁게 기도했다. 이와 동일한 단어가 겟세마네에서 기도하셨던 예수님과 관련하여 사용되었다.

> 예수께서 힘쓰고 애써 더욱 간절히 기도하시니 땀이 땅에 떨어지는 핏방울같이 되더라 _눅 22:44

영혼을 위한 고뇌의 기도

아! 예수님의 기도하시는 모습에는 간절함과 고뇌(대부분의 영역성경들은 위 구절의 "힘쓰고 애써" 부분을 "고뇌하며"로 풀고 있다 - 역자 주)가 들어 있다. 우리도 이러한 고뇌의 기도를 드려야 하는 것일까? 대다수의 그리스도인이 그럴 필요까지는 없다고 대답할 것이다. 또한 그들은 이러한 심령의 고뇌가 믿음의 부족함을 드러내는 것이라고 생각한다. 그러나 주께서 겪으신 대부분의 체험은 우리도 겪어야 하는 것이다. 우리는 그리스도와 함께 십자가에 못 박혔다가 그리스도와 함께 죽은 자 가운데서 살아났다. 그렇다면 우리도 다른 영혼을 위해 산고(産苦)를 겪으며 기도해야 하지 않겠는가?

다시 본래의 이야기로 돌아가자. 당신의 사랑하는 자녀가 죄악에 빠져 살고 있다면 고뇌하며 기도하지 않을 수 있을 것인가? 어떤 그리스도인이 다른 영혼의 괴로움을 자신의 괴로움으로 여길 때에 고뇌하며 기도하지 않을 수 있을까? 우리도 존 낙스(John Knox, 16세기 스코틀랜드의 종교개혁자)처럼 "오, 하나님! 제게 스코틀랜드를 주소서. 그렇지 않으면 제게 죽음을 주소서!"라고 부르짖을 수밖에 없지 않을까? 다시 이 대목에서 성경은 우리에게 도움을 준다.

모세가 하나님을 향해 "슬프도소이다 이 백성이 자기들을 위하여 금신(金神)을 만들었사오니 큰 죄를 범하였나이다 그러나 합의하시면 이제 그들의 죄를 사하시옵소서 그렇지 않사오면 원컨대 주의 기록하신 책에서 내 이름을 지워버려주옵소서"(출 32:31,32)라고 부르짖을 때에 영혼의 산고가 없었을까?

사도 바울이 "내 자신이 저주를 받아 그리스도에게서 끊어질지라도 원하는 바로라"(롬 9:3)라고 말했을 때에 고뇌의 기도가 없었을까?

아무튼 확실한 것은, 예루살렘을 보시며 눈물을 흘리시고 "심한 통곡과 눈물로 간구와 소원을 올리셨던"(히 5:7) 주께서, 우리가 불의한 길을 걷는 자를 위해 고뇌할 때에 더 이상 슬퍼하지 않으시리라는 것이다.

주님을 근심하게 하는 죄로 인해 우리가 고뇌하는 모습을 주께서 보실 때에 심히 기뻐하지 않으실까? 사실 우리가 그렇게 많은 사역을 하면서도 회개하는 사람을 좀처럼 만나지 못하는 까닭은 고뇌의 기도가 결핍되었기 때문이 아닐까?

성경은 "시온은 구로하는 즉시에 그 자민(子民)을 순산하였도다"(사 66:8)라고 말한다. 사도 바울이 이 구절을 염두에 두고 갈라디아 교인들에게 "나의 자녀들아 너희 속에 그리스도의 형상이 이루기까지 다시 너희를 위하여 해산하는 수고를 하노니"(갈 4:19)라고 말한 것이 아닐까? 하나님의 영적인 자녀인 우리도 다른 영혼을 향해 이렇게 해야 하지 않을까? 아! 우리의 가슴은 얼마나 냉랭한가? 우리는 길 잃은 영혼 때문에 슬퍼하지 않는다.

멸망하는 영혼을 위해 번민하는 그리스도인을 어찌 감히 비난하겠는가? 그럴 수 없다. 하나님께서 그런 비난을 금하신다.

기도는 사탄과의 씨름이요 싸움이다

기도는 '씨름'과 비슷한 면이 있다. 하나님께서 응답하기를 원하시지 않기 때문이 아니라 "이 어두움의 세상 주관자들"(엡 6:12)이 훼방하고 대적하기 때문이다. 기도의 '분투'를 나타내기 위해 사용된 단어는 '다툼'의 의미를 갖는다. 이 다툼은 하나님과 우리 사이의 다툼이 아니다. 하나님께서는 우리가 구할 때에 우리 편에 서신다. 이 다툼은 멸망을 당한 우리의 원수 "마귀"(요일 3:8)와의 다툼이다. 사탄은 우리의 기도를 방해하기를 갈망한다.

> 우리의 씨름은 혈과 육에 대한 것이 아니요 정사와 권세와 이 어두
> 움의 세상 주관자들과 하늘에 있는 악의 영들에게 대함이라 _엡 6:12

　우리는 그리스도 안에서 하늘에 속한 사람이다. 그리고 우리는 오로지 그리스도 안에서만 승리할 수 있다. 우리의 씨름은 사탄이 주는 것을 생각하지 않도록 생각을 지키는 씨름이며, 우리의 생각을 구세주께 계속 고정시키는 씨름이다. 우리는 항상 기도함으로 깨어 있어야 한다. 그리고 깨어 기도해야 한다(엡 6:18).

> 성령도 우리 연약함을 도우시나니 우리가 마땅히 빌 바를 알지
> 못하나 _롬 8:26

　이 말씀은 우리에게 큰 위로가 된다. 그런데 성령께서는 어떻게 우리를 돕고 가르치실까? 교훈을 줌은 물론 모범을 보임으로써가 아닐까? 그런 게 아니라면 어떻게 우리를 돕고 가르치실 수 있을까? 성령님은 어떻게 기도하시는가? 바울은 "말할 수 없는 탄식으로 우리를 위하여 친히 간구하신다"(롬 8:26)라고 대답한다. 성령께서도 겟세마네의 예수께서 그러셨던 것처럼 고뇌하며 기도하신다.
　성령님이 우리 안에서 탄식하며 기도하실 때에 우리가 그 탄식을

나누어 가지면 어떨까? 우리가 고뇌의 기도를 드림으로써 육신이 쇠약해진다면 천사들이 예수님을 도왔던 것(눅 22:43)처럼 우리에게도 힘을 주지 않을까? 아마 우리 대부분이 하나님 앞에서 기도할 때에 느헤미야가 그랬던 것처럼 울고 슬퍼하며 금식할 것이다.

> 내가 이 말을 듣고 앉아서 울고 수일 동안 슬퍼하며 하늘의 하나님
> 앞에 금식하며 기도하여 _ 느 1:4

그러나 혹자는 "죄로 인한 경건한 슬픔과 영혼 구원을 위한 간절한 갈망이 우리 안에 불필요한 고뇌와 하나님의 영광을 가리는 번민을 일으키는 것이 아닌가?"라고 질문한다. 고뇌의 기도가 하나님의 약속에 대한 믿음의 부족을 드러내는 것인가? 어쩌면 그럴지도 모른다. 그러나 사도 바울이 기도를 '싸움'(conflict)으로 간주했다는 것은 의심의 여지가 없다. 바울은 골로새교회의 성도들에게 편지를 쓰면서 "내 육신의 얼굴을 보지 못한 자들을 위하여 어떻게 힘쓰는 것(what great conflict)을 너희가 알기를 원하노니 이는 저희로 마음에 위안을 받고"(골 2:1,2)라고 했다. "힘을 쓰고 있다"라는 말은 그들을 위해 기도하고 있다는 뜻을 포함한다.

사도 바울은 에바브라에 대해 "저가 항상 너희를 위하여 애써 기도하여 너희로 하나님의 모든 뜻 가운데서 완전하고 확신 있게 서기를 구하나니"(골 4:12)라고 말했다.

이 구절의 "애쓰다"라는 말은 우리가 이야기하고 있는 '고뇌하다'와 같은 말이며, 우리 주님의 기도와 관련하여 사용되었던 "간절히"(눅 22:44)와도 같은 말이다.

사도 바울은 다시 에바브라에 대해 언급하면서 "그가 … 많이 수고하는 것을 내가 증거하노라"(골 4:13)라고 말했다. 이는 그가 기도를 통해 많이 수고하였다는 뜻이다. 바울은 그가 감옥에서 기도하는 것을 목격했고, 또한 골로새 교인들을 위하여 조금도 피곤해하지 않고 열심히 수고하고 있다고 증언했다. 바울을 결박하고 있던 로마의 근위병은 이들이 기도하는 것을 보고 매우 놀랐을 것이며 또한 깊은 감화를 받았을 것이다. 그들이 사슬에 결박된 손을 높이 올려 기도하면서 주변에 동요를 일으키고 눈물을 흘리고 간절하게 탄원하는 것이 로마 병사들에게는 전혀 뜻밖의 모습이었을 것이다. 바울과 에바브라가 오늘 당신의 기도 모습을 본다면 과연 어떻게 생각할까?

사도 바울이 에베소의 성도들에게 "그런즉 서서 … 모든 기도와 간구로 하되 무시로 성령 안에서 기도하고 이를 위하여 깨어 구하기를 항상 힘쓰며 여러 성도를 위하여 구하고 또 나를 위하여 구할 것은"(엡 6:14,18,19)이라고 촉구하였을 때, 이는 평소 자신의 기도 습관에 대해 말한 것임이 틀림없다. 이것이 그의 기도생활을 묘사한 것이라고 확신해도 좋다.

기도는, 반드시 기도로 제거되어야 할 장애물을 만난다. 그리스도인이 '마지막까지 기도했다'라고 말할 때에 의미하는 게 바로 이것이다. 우리는 기도할 때에 사탄과 싸워야 한다. 사탄의 일은 육신의 쇠약함일 수도 있고, 고통일 수도 있고, 집요하게 마음을 비집고 들어오는 잡념일 수도 있고, 사악하고 직접적인 영적 공격일 수도 있다. 기도는 때로 바울에게도 그랬던 것처럼 우리 자신을 분발시켜 하나님을 붙잡도록(사 64:7) 만드는 씨름이며 싸움이다. 기도로 씨름한 사람이 지금까지 거의 없었다고 말한다면 틀린 것일까? 당신은 정말로 사탄과 싸우며 기도하고 있는가? 우리 주님의 능력과 은혜의 풍성함을 결코 잊지 말자.

오직 성령님만을 의지하라

《행복한 그리스도인의 생활의 비결》(The Christian Secret of a Happy Life)의 저자 한나 위탈스미스(Hannah Whitall-Smith)는 임종하기 직전에 몇몇 친구에게 생전에 겪었던 한 가지 사건에 대해 말하였다. 그녀가 살아 있었다면 그 이야기를 널리 전하도록 허락해주었을 것이라 믿고 여기에 소개하고자 한다.

어떤 부인이 가끔 사나흘 동안 한나를 방문하곤 했는데 이것이 언제나 그녀에게는 크나큰 시련이 되었다. 그 부인이 한나의 타고난 성품과 인내력에 말할 수 없는 시험을 주기 때문이었다. 그래서 그녀는 그 부인이 방문한다는 소식을 들을 때마다 많은 기도로 준비했다. 그러던 어느 날, 문제의 그 부인이 일주일 동안이나 한나를 방문하려는 계획을 세웠다는 소식이 들렸다. 한나는 온밤을 새워 기도하는 것만

이 이 중대한 시련을 이길 힘을 줄 수 있을 것이라고 생각했다. 그래서 그 부인이 방문하는 동안 은혜를 허락하셔서 상냥하고 다정하게 대할 수 있게 해달라고, 하나님 앞에 밤새워 기도하기 위해 작은 접시에 과자 몇 개를 담아 침실로 들어갔다.

그런데 침대 옆에 무릎을 꿇자마자 빌립보서 4장 19절 말씀이 마음 한구석에서 번득이며 지나갔다.

"나의 하나님이 그리스도 예수 안에서 영광 가운데 그 풍성한 대로 너희 모든 쓸 것을 채우시리라."

순간 그녀의 모든 근심이 사라졌다. 이에 대하여 그녀는 다음과 같이 말했다.

"그 말씀을 깨달았을 때, 하나님께 감사를 드렸고 하나님의 선하심을 찬양했다. 그리고 침대 위에 올라가 달콤하게 잠을 잤다. 이튿날 아침, 그 부인이 도착했고 나는 기쁘게 영접할 수 있었다."

그 누구도 기도의 원칙을 확정 지을 수 없다. 심지어 자기 자신을 위해서도 그렇게 할 수 없다. 하나님의 은혜로우신 성령만이 우리를 인도하실 수 있을 뿐이다. 그러므로 우리는 생활의 순간순간 모든 것을 성령께 맡겨야 한다. 하나님은 우리의 재판관이시요 안내자이시다. 하지만 기도가 다양한 면을 갖고 있다는 점을 기억하자. 모울(H. C. Moule) 감독이 말한 것처럼 우리는 어떤 환경 속에서도 참된 기도를 드릴 수 있다.

"기도는 다른 누구 앞에서도 아닌 오직 가까이 계신 하나님 앞에서 탄식의 짐을 벗는 것이요 하염없는 눈물을 떨어뜨리는 것이요 눈을 들어 주님을 바라보는 것이다."

기도는 당신의 요구를 하나님께 아뢰는 것이기도 하다(빌 4:6). 기도가 언제나 싸움이요 씨름이 되어야 한다고 생각할 수는 없다. 정말로 그렇다면 많은 이들이 금세 육체적으로 약해지고 신경쇠약으로 고통을 받다가 일찍 무덤으로 향할 것이기 때문이다.

또한 대부분의 사람에게는, 무릎 꿇고 기도하는 자세를 장시간 유지하는 것이 신체적으로 어렵다. 모울 감독은 이렇게 말했다.

"우리는 일체의 신체적 노력이나 불편함 없이도 참된 승리의 기도를 지속적으로 드릴 수 있다. 영혼과 육신이 가장 고요할 때에 기도가 가장 오래 지속될 수 있다. 그러나 기도에 대해서 생각해보아야 할 다른 면도 있다. 기도가 매우 단순하고 믿을 만한 것이라 하더라도 빈들빈들 놀면서 쉽게 할 수 있는 게 결코 아니라는 것이다. 기도는 인간과 하나님 사이의 무한히 중대한 교통이 되어야 한다. 그러므로 기도가 진정한 기도가 되려면 종종 수고와 인내와 싸움과 관련된 일로 간주되어야 한다."

그 누구도 다른 이에게 어떻게 기도를 하라고 처방해줄 수 없다. 각자 마음에 품은 기도의 방법을 확신해야 한다. 그러면 성령께서 영감을 주고 인도하여 얼마나 오래 기도해야 할지 가르쳐주실 것이다. 그리고 우리의 아버지 하나님의 사랑으로 충만해지자. 그래서 언제 어디서나 은혜의 수단이 됨은 물론 기쁨의 통로가 되도록 하자.

어제나 오늘이나
부족함을 공급하시는
우리의 선한 목자시여!

시험에 빠진 주님의 양떼에게
깨어 기도할 수 있는 능력을 주소서.
은혜를 중보하시는 영을 받게 하소서.

주님의 얼굴을 뵈어
주님의 감춰진 이름을 알 때까지
싸울 수 있는 믿음을 주소서.

무릎 그리스도인의 **기.도.수.칙**

THE KNEELING CHRISTIAN **07**

1. 쉬지 말고 기도하라.

주님은 항상 기도하고 낙망치 말라고 말씀하셨다(눅 18:1). 물론 이 말씀이, 우리가 항상 무릎을 꿇고 살아야 한다는 것을 의미하지는 않는다. 우리가 기도하기 위해 마땅히 해야 할 일을 게을리 하는 것을 주님께서 결코 바라시지 않는다. 그러나 우리가 일보다 기도에 시간을 더 많이 투자할 때, 일을 더 잘할 수 있고 많은 일을 할 수 있다는 것 또한 분명한 사실이다.

2. 사탄이 없다면 기도의 어려움도 없다.

사탄은, 우리가 기도로 하나님께 나아가는 것을 방해하며 믿음의 기도를 저지하기 위해 할 수 있는 모든 것을 다 한다. 사탄이 주로 방해하는 전략은 '필요한 것에 대한 생각'으로 우리 마음을 가득 채운다. 하나님 곧 우리의 기도를 들으시는 자상하신 아버지에 대한 생각이 우리 마음을 차지하지 못하도록 만드는 것이다. 사탄은, 우리가 선물을 주시는 분보다 선물 자체에 관심을 갖기를 바란다.

3. 강청하며 끈질기게 기도하라.

예수님은 기도의 지속성과 반복성을 가르치기 위해 두 가지 비유를 드셨다. 한밤중에 친구를 찾아가 떡 세 덩이를 구한 사람은 "그 강청함을 인하여"(눅 11:8), 즉 고집스럽게 구하여 필요한 것을 얻었다. 그리고 한 과부는 불의한 재판관을 "자주 찾아가 번거롭게 하여" 마침내 원한을 풀었다(눅 18:3-5). 또한 주님께서는 수로보니게 여인의 끈질긴 간청을 칭찬하셨다(마 15:28). 포기하지 말고 끈질기게 구하면 응답을 받을 것이다.

~

너희가 악할지라도 좋은 것을 자식에게 줄 줄 알거든
하물며 너희 천부께서 구하는 자에게 성령을 주시지 않겠느냐 하시니라 눅 11:13

chapter 08

하나님의 뜻에 합한 기도는
반드시 응답된다

하나님의 자녀는 기도의 응답을 기대해야 한다.
우리의 모든 기도에 응답하시려는 것이 하나님의 본뜻이다.
그리고 참된 기도는 땅과 하늘에서 반드시 효력을 발휘한다.

참된 기도는 반드시 응답을 받는다

우리는 이제 가장 중요한 질문에 도달하였다. 이 질문에 어떻게 대
답하느냐에 따라 실로 많은 것이 좌우된다. 그러니 뒷걸음치지 말고
솔직하게 대면하자. 하나님께서는 언제나 기도에 응답하시는가? 물론
우리는 하나님께서 기도에 응답하신다는 것(때때로 우리의 어떤 기도에 응
답하신다는 것)을 인정한다. 그렇다면 하나님께서는 참된 기도에 언제나
응답하시는가? 하나님께서 소위 '기도'라 불리는 어떤 기도에 응답하
지 않으시는 경우도 있다. 왜냐하면 듣지 않으시기 때문이다. 하나님
의 백성이 하나님을 거역하였을 때, 그분께서는 "너희가 많이 기도할
지라도 내가 듣지 아니하리니"(사 1:15)라고 말씀하셨다.

그러나 하나님의 자녀는 기도의 응답을 기대해야 한다. 우리의 모든 기도에 응답하시려는 것이 하나님의 본뜻이다. 그리고 참된 기도는 땅과 하늘에서 반드시 효력을 발휘한다.

그렇지만 대부분의 그리스도인은 사도 바울의 진술, 곧 "그런즉 … 만물이 다 너희 것임이라 … 너희는 그리스도의 것이요"(고전 3:21,23)라는 놀라운 선언을 비극적인 허위 진술로 느낀다. 하지만 이것은 결코 거짓말이 아니다. 만물은 우리 것이다. 다만 많은 사람이 자신의 소유를 제대로 가지고 있지 못할 뿐이다.

호주 동북부 퀸즈랜드의 모간 산(山)의 소유주들은 자신들의 발 밑에 세계에서 가장 풍부한 금맥(金脈)이 숨어 있다는 것을 알지 못하여 오랜 세월 동안 황폐한 경사지만 힘겹게 일구어 간신히 연명하였다. 거기엔 꿈도 꾸지 못할 만큼의 막대한 부(富)가 매장되어 있었지만 그들은 상상도 하지 못한 것이다. 그 땅은 분명 그들의 소유였지만 한편 그들의 것이 아니기도 했다.

마찬가지로 많은 그리스도인은 그리스도 예수 안에 하나님의 영광의 풍성함이 있다는 것은 잘 알면서도 정작 그것을 얻는 방법은 모르는 것 같다.

하나님의 다양한 기도 응답

예수님은 구하면 얻을 수 있다고 말씀하신다. 주께서 우리 모두에게 기도에 대한 올바른 판단력을 주시기를 소망한다. 참된 기도 가운데 응답받지 못하는 기도가 없다고 할 때, '하나님께서는 언제나 우리가 구한 그대로 주신다'라고 주장하는 게 결코 아니다. 자녀를 그런 식으로 대하는 어리석은 부모를 본 적이 있는가? 당신은 어린 자녀가 시뻘겋게 달궈진 부지깽이를 달란다고 주겠는가? 물질적으로 부유한 부모라도 자녀에게 너무 많은 용돈을 주지 않으려고 세심한 주의를 기울이지 않는가?

만일 하나님께서 우리가 구한 모든 것을 그대로 주신다면 하나님이 아니라 우리가 세상을 다스리게 될 것이다. 하지만 우리에게는 그럴 만한 능력이 없다. 더욱이 세상에 두 통치자가 존재하는 것은 불가능하다.

기도에 대한 하나님의 대답은 "좋다"(Yes)이거나 "아니다"(No)이다. 때로 하나님께서는 우리에게 상상을 초월하는 축복과 다른 사람과 관계된 놀라운 축복을 계획하고 계시기 때문에 "기다려라"(Wait)라고 대답하신다.

하나님은 경우에 따라서 "아니다"라고 대답하신다. 그러나 이것이 반드시 기도하는 사람의 삶에 죄가 있기 때문은 아니다. 하나님은 바울에게 때로 "아니다"라고 말씀하셨다(고후 12:8,9). 하나님의 거절은 종종 우리의 무지나 이기심에서 비롯된다.

우리가 마땅히 빌 바를 알지 못하나 _롬 8:26

세베대의 아들들의 어머니가 잘못한 게 바로 그것이다. 그녀는 예수께 와서 경배하며 간구했다. 그러자 주님은 "너희 구하는 것을 너희가 알지 못하는도다"(마 20:22)라고 즉시 대답하셨다. 위대한 기도의 사람 엘리야도 때로 거절의 대답을 받았다. 그러나 그가 불수레를 타고 회리바람 속에서 하늘의 영광으로 올라갈 때(왕하 2:11), 과연 "여호와여 넉넉하오니 지금 내 생명을 취하옵소서"(왕상 19:4)라는 기도에 거절의 대답을 들었던 것을 섭섭하게 여겼을까?

하나님께서는 때로 "기다려라"라고 대답하신다. 우리가, 구하는 것을 받기에 아직 적합하지가 않아서(씨름하는 야곱이 그랬던 것처럼) 하나님께서 기도의 응답을 지연시키실 수가 있다는 말이다. 어거스틴의 유명한 기도, "오, 하나님! 저를 정결하게 하소서. 그러나 지금은 그리 마소서!"를 기억하는가? 우리도 때로 그런 기도를 드리고 있지 않은가? 당신은 언제나 기꺼이 쓴 잔을 마시려 하는가? 기도 응답에 따르는 대가를 지불하려 하는가? 때로 하나님께서는 더 큰 영광을 받으시기 위해 기도 응답을 지연시키실 수가 있다.

하나님의 지연은 거부가 아니다. 하나님께서 응답을 지연시키시는 까닭이 무엇인지, 우리가 구하기도 전에 응답하시는(사 65:24) 까닭이 무엇인지 우리는 알지 못한다. 위대한 기도의 사람이었던 조지 뮐러는 한 친구의 회개를 위해 무려 63년 이상을 기도했다. 누가 그 이유를 알 수 있겠는가? 조지 뮐러는 이렇게 고백했다.

"가장 중요한 점은, 응답이 올 때까지 기도를 포기하면 안 된다는 것이다. 나는 한 영혼의 회개를 위해 63년 8개월 동안 기도해오고 있는 중이다. 그는 아직도 회개하지 않았다. 그러나 회개할 것이다. 어찌 그렇지 않을 수가 있겠는가? 하나님의 약속은 불변하다. 그렇기 때문에 나는 그 약속을 굳게 믿는다."

이처럼 그의 기도 응답이 지연된 까닭은 사탄의 졸개들의 집요한 방해(단 10:13) 때문이 아니었을까? 뮬러의 믿음을 흔들어 파괴하려는 사탄의 강하고도 장기간에 걸친 음모 때문이 아니었을까? 이렇게 말하는 이유는, 뮬러가 죽어 그의 장례식이 끝나기도 전에 그 친구가 회개하였기 때문이다.

그렇다. 비록 오래 지체되었지만 뮬러의 기도는 결국 이루어졌다. 뮬러는 기도 응답을 받을 때마다 감격하며 외쳤다.

"오! 우리가 관계하는 하나님은 실로 선하시고 친절하시고 은혜로우시며 겸손하시다. 나는 그저 가련하고 연약한 죄인에 지나지 않는다. 그러나 하나님은 나의 기도를 전부 들어주셨다!"

하나님의 대답을 어떻게 분별할까?

이 대목에서 혹자는 "하나님께서 내 기도를 거절하시는지 기다리라고 하시는지 어떻게 분간할 수 있습니까?"라고 질문할지 모른다. 그러나 우리는, 하나님께서 그저 "아니다"라고 응답하시기 위해 63년 동안이나 기도를 시키지는 않으시리라는 것을 확신한다. 오랜 세월 반복된 뮬러의 기도는 하나님께서 죄인의 멸망을 바라지 않고 "모든 사람이 구원을 받기를"(딤전 2:4) 원하신다는 말씀에 근거한 것이었다.

이 대목을 쓰고 있는 지금, 우편집배원이 편지 한 통을 전해주고 돌아갔다. 다음과 같은 사례도 있다는 것을 하나님께서 가르치시려는 것 같다. 이 편지는 내 주소도 모르고 서신 왕래도 없던 어떤 사람이 보낸 것이다. 그는 영국의 대부분의 사역자들이 잘 알고 있는 인물이다. 내용인즉, 사랑하는 사람이 병에 걸렸다는 것이다. 그렇다면 그는 그녀의 회복을 위해 계속 기도해야 할까? 하나님께서는 그에게 "아니다"라고 대답하실까? 아니면 기다리면서 계속 기도하라고 하실까?

그는 이렇게 기록했다.

> "저는 사랑하는 사람과 관련해서 하나님의 분명한 안내를 받았습니다 … 그녀를 데려가는 것이 하나님의 뜻임을 알았습니다 … 그래서 그분의 뜻에 온전히 순복하여 물러나 쉬었습니다. 그리고 그 일로 인하여 하나님을 찬양했습니다."

그로부터 몇 시간 뒤에 하나님께서 그녀를 영광 중에 불러가셨다고 그는 덧붙였다. 성령께서 기도하는 사람의 심령을 감동시켜 명확히 응답하신 사례였다. 그러므로 우리는, 하나님의 대답이 "아니다"인지 "기다려라"인지 하나님 말씀과 성령의 감동을 통하여 분별할 수 있다.

당신에게 다시 한 번 촉구하고 싶다. 참된 기도는 반드시 응답을 받는다! 이 진리를 붙잡아라!

기도에 대해 조금 더 깊이 생각해보면 더욱더 지혜롭게 기도할 수

있을 것이라 확신한다. 뻔한 소리처럼 들릴지 모르겠다. 하지만 기도
하기 전에 상식과 이성(理性)을 완전히 무시하는 사람이 더러 있는 것
같아 이런 말을 하지 않을 수 없다. 조금만 생각해보면 하나님께서 어
떤 기도를 이루어주시지 않는지 알 수 있을 것이다. 전쟁이 일어나는
동안에 모든 나라는 제각기 자국(自國)의 승리를 위해 기도한다. 그러
나 모든 나라가 승리할 수 있는 것은 아니다. 동거하는 두 사람이, 한
사람은 비를 내려달라고 기도하고 다른 한 사람은 날씨를 맑게 해달
라고 기도할 수도 있다. 하나님은 같은 시간, 같은 장소에서 이 두 가
지를 모두 주실 수 없다.

사랑하기 때문에 거절하신다

지금 우리가 논하고 있는 이 '기도'는 '하나님의 신실하심'에 관계
된 문제가 아니던가? 우리는 지금까지 주님의 기도에 관한 약속을 읽
어오면서 그것의 풍성한 의미와 "무엇이든지"라는 한 단어의 광대함
에 깜짝 놀라 당황하였다. 그렇다. 하나님은 참되신 분이며(롬 3:4), 신
실하신 분이다. 그러므로 기도에 관한 약속을 언제나 지키실 것이다.

그러나 누군가 나에게 하나님께서 모든 기도를 이루어주셨느냐고
묻는다면 그렇지 않다고 대답하지 않을 수 없다. 나의 기도를 이루어
주시는 것이 내게 축복이 되기보다 오히려 저주가 되어서 그러셨을
수도 있고, 내가 기도 응답의 선물을 받을 만한 자격이 되지 않기 때문
에 그러셨을 수도 있으며, 또한 나의 영적 교만을 조장하기 때문에 그

러셨을 수도 있다. 이제 와서 성령께서 주시는 완전한 빛에 비추어보니 이 모든 것이 더욱 분명해진다.

우리는 지난날을 돌아보며 참된 영성(靈性)이 결여된 채 그저 열심으로 기도했던 모습을 떠올릴 수도 있다. 그때 우리는 우리 자신이 부족하여 하나님께서 주시고자 하는 응답을 받을 수 없었다는 사실을 깨닫는다. 그리고 우리의 기도가 마치 바다만 한 크기의 하나님의 사랑을 골무만 한 크기의 우리 심령에 담아달라고 조르는 것과 같았다는 것을 깨닫는다.

하나님께서는 모든 영적인 복을 우리에게 부어주시기를 갈망하신다. 사랑의 구세주께서는 "예루살렘아 예루살렘아 … 내가 네 자녀를 모으려 한 일이 몇 번이냐 그러나 너희가 원치 아니하였도다"(마 23:37)라고 부르짖고 또 부르짖으셨다.

가장 슬픈 것은, 하나님께서 기도를 들어주시지 않는다고 불평하는 우리의 모습이다. 육신의 아버지가 자녀에게 선물을 주는 것처럼 하나님께서도 우리에게 기도하는 법을 친히 가르쳐주시는 성령님을 흔쾌히 주신다.

그러나 자녀가 선물을 사용하기에 적합하지 않은 상태라면 어떤 선물도 자녀에게 좋은 선물이 될 수 없다. 우리가 영적인 은사를 하나님의 영광을 위해 사용하지 못하거나 혹은 사용하려 하지 않는다면, 그분은 우리에게 그것을 선물로 주지 못하신다.

어린 아들이 면도칼을 달란다고 선뜻 내주는 부모를 본 적이 있는가? 부모는 아들이 장성하여 면도칼을 유용하게 사용하는 법을 배우기를 바라지 않을까? 그래서 아들에게 "아가야, 더 크고 지혜롭고 강해질 때까지 기다리거라"라고 타이르며 말하지 않겠는가? 하늘에 계신 사랑하는 아버지께서도 그런 의미에서 우리에게 "기다리라"라고 말씀하지 않으실까? 우리는 무지하고 세상에 눈이 멀었지만 때로 이렇게 고백하지 않을 수 없다.

"하나님께서는 우리가 연약하여 잘못 사용할 수 있는 모든 것을 지극한 사랑으로 거절하신다."

하나님은 내일의 선물을 오늘 주지 않으신다. 이 사실을 확신하며 마음을 놓기 바란다. 하나님께서 주시기를 꺼리기 때문도 아니며, 하나님의 능력이 제한을 받기 때문도 아니다. 하나님의 자원은 무한하며 하나님의 길은 인간의 이해를 초월한다. 예수님은 제자들에게 구하라고 명하신 뒤에 하나님의 섭리와 자원에 대해 넌지시 암시하셨다.

공중의 새를 보라 심지도 않고 거두지도 않고 창고에 모아 들이

지도 아니하되 너희 천부께서 기르시나니 _마 6:26

단순한 말처럼 들릴지도 모른다. 하지만 전 세계의 어느 부자가 공중에 나는 모든 새들을 단 하루만이라도 먹일 수 있을 만큼 부유할까? 그러나 하늘의 우리 아버지께서는 매일 그것들을 먹이시면서도 그 일로 인해 결코 쪼들리지 않으신다. 미물(微物)에게도 그렇게 하실진대,

우리를 훨씬 더 배불리 먹이시고 따듯하게 입히시며 자상하게 돌보지 않으실까?

그러니 기도를 더욱더 의지하자. 하나님께서 "자기를 찾는 자들에게 상 주시는 이심을"(히 11:6) 정녕 모른단 말인가? 성령의 기름은 그것을 받을 만한 그릇이 준비되어 있는 한 결코 흐르기를 중단하지 않을 것이다(왕하 4:6).

성령의 역사가 중단될 때에 추궁을 받아야 할 장본인은 언제나 우리 자신이다. 하나님께서는 어떤 성도에게는 성령의 충만함을 주지 않으신다. 어떤 사역자에게는 그의 수고에 따른 영적 열매를 주지 않으신다. 그들은 자신의 교만과 허영으로 고통을 당할 것이다. 그렇다. 나는 '하나님은 모든 그리스도인이 구하는 그대로 이루어주신다'라고 주장할 의향이 없다.

앞장에서 살핀 바와 같이 예수의 이름으로 기도하려면 마음의 동기와 심령이 정결해야 한다. 하나님은 약속보다 크시기 때문에 우리가 구한 것보다 훨씬 더 큰 것을 주시기도 한다.

그러나 늘 그렇게 하시는 것은 아니다. 만일 어떤 구체적인 간구가 이루어지지 않는다면, 아버지께서 우리 마음을 살펴보라고 촉구하시는 것임이 분명하다. 왜냐하면 예수의 이름으로 드리는 모든 진실한 기도를 들어주시겠다고 주께서 약속하셨기 때문이다. 예수께서 주신 축복의 말씀을 다시 한 번 읽어보자. 아무리 자주 묵상해도 지나치지 않을 것이다.

너희가 내 이름으로 무엇을 구하든지 내가 시행하리니 이는 아버

지로 하여금 아들을 인하여 영광을 얻으시게 하려 함이라 내 이

름으로 무엇이든지 내게 구하면 내가 시행하리라 _요 14:13,14

제 길이 곧 주님의 길입니다

하나님께서 예수 그리스도의 모든 기도를 들어주셨음을 기억하라. 예수 그리스도는 하나님의 아들이셨다. 그분은 하나님의 마음을 알고 계셨다. 그분은 성령님의 마음을 품고 계셨다. 예수께서 겟세마네 동산에서 고뇌하는 가운데 격하게 울부짖으며 "내 아버지여 만일 할 만하시거든 … 아버지의 원대로 하옵소서"(마 26:39)라고 기도하시지 않았는가? 그리스도께서는 "그의 경외하심을 인하여 들으심을 얻었다"(히 5:7).

예수 그리스도께서는 고뇌함으로가 아니라 아버지께 대한 아들의 경건한 두려움과 순종으로 들으심을 얻었다. 하나님께서 우리의 기도를 이루어주시는 이유는, 우리가 끈질기게 기도하기 때문이 아니라 바로 우리가 하나님의 자녀이기 때문이다.

사랑하는 형제자매여! 우리는 경외심과 경이로움으로 가득한 그 거룩한 장면을 온전히 이해할 수 없다. 그러나 우리는, 주님이 지키지 못하시거나 혹 지킬 의향이 없으신 약속을 하지 않았다는 것을 잘 알고 있다. 성령께서는 우리를 위하여 중보의 기도를 드리신다(롬 8:26). 그리고 하나님은 성령의 기도를 거절하실 수 없다. 주 예수님도 우리를

위하여 항상 중보의 기도를 드리신다(히 7:25). 그리고 하나님은 예수님의 기도도 거절할 수 없으시다.

하나님께서는 주님의 기도를 절대적으로 중요하게 여기신다. 그러한 주께서 우리에게 기도하라고 명하고 계신 것이다. 이처럼 성자와 성령께서 당신을 위하여 중보의 기도를 드리고 계신데 어찌 기도가 이루어지지 않겠는가? 당신은 열을 올리며 이렇게 반문할지도 모른다.

"하지만 바울이 육체의 가시를 제거해달라고 세 번씩이나 구했는데도(고후 12:7,8) 주께서는 거절하지 않으셨습니까? 바울은 성령 충만한 사람이 아니었습니까? '그리스도의 마음을 가졌다'(고전 2:16)라고 선언한 사람도 바울 아닙니까?"

사도 바울이 자신의 유익을 위해 유일하게 구한 기도가, 하나님께 거절을 당했다는 것은 매우 주목할 만한 일이다. 그런데 이 이야기의 난제(難題)는 이것이니, 그리스도의 마음을 소유했다고 선언한 바 있는 바울이 그리스도께서 바라시는 바와 상반된 것을 구한 까닭이 무엇이냐는 것이다. 이 글을 읽는 사람 중에서도 간절히 구한 것을 얻지 못하여 무척이나 실망했던 경험이 있는 이가 있을 것이다.

그러나 비록 우리가 성령으로 충만하여도 욕구로 인해 잘못 판단을 내리는 경우가 있다는 사실을 명심해야 한다. 그리고 단 한 번으로 영원히 성령 충만해질 수 있는 게 결코 아니라는 점도 기억해야 한다. 사탄은 자신의 생각을 우리 마음속에 집어넣어, 우리를 통하여 하나님을 공격하려고 언제나 기회를 엿본다. 우리는 언제든지 불순종할 수 있으며 불신의 자리에 설 수 있으며, 사탄에게 현혹되어 사랑의 영과 상반되는 행동이나 생각에 빠질 수가 있다.

이 사실의 가장 놀라운 예를 사도 베드로의 생애에서 발견할 수 있다. 한때 그는 하나님의 영의 압도적인 감동을 받아 "주는 그리스도시요 살아 계신 하나님의 아들이시니이다"(마 16:16)라고 고백했다. 이에 주님은 베드로를 돌아보시며 "바요나 시몬아 네가 복이 있도다 이를 네게 알게 한 이는 혈육이 아니요 하늘에 계신 내 아버지시니라"(17절)라고 극찬하셨다. 그러나 아주 잠깐 사이에 사탄이 베드로의 마음에 들어갔다. 그러자 주님이 "사탄아 내 뒤로 물러가라"(23절)라고 크게 꾸짖으셨다. 베드로가 이번엔 사탄의 이름으로 말하고 있었던 것이다. 이처럼 사탄은 우리의 마음과 생각을 소유하려고 안간힘을 쏟는다.

사도 바울은, 주께서 가시를 제거해주시기만 한다면 주님을 위해 훨씬 더 많은 일을 할 수 있을 것이라고 생각하는 유혹을 받았다. 하지만 하나님께서는 육체의 가시를 지닌 바울이, 그것을 지니지 않은 바울보다 더 능력 있는 종이 될 수 있다는 것을 알고 계셨다.

남보다 불리한 조건이나 단점을 갖고 일할 때, 원치 않는 그것이 제거되었을 때보다 오히려 하나님께 더 큰 영광을 돌릴 수 있다는 사실을 깨닫는 것은 매우 중요하다.

내 은혜가 네게 족하도다 이는 내 능력이 약한 데서 온전하여짐이라 _고후 12:9

바울도 오류가 없는 완벽한 인간이 아니었다. 베드로도 요한도 그 어떤 사람도 마찬가지다. 우리는 종종 그릇된 기도를 드릴 수 있다. 기도의 최고 경지는 "오, 하나님! 제 방법이 아니라 주님의 방법대로 하소서!"가 아니라 "오, 하나님! 제 길이 곧 주님의 길이옵니다!"이다. 우리는 "주님의 뜻을 바꾸소서"가 아니라 "주님의 뜻이 이루어지이다"라고 기도하라고 배웠다.

하나님은 반드시 약속을 지키시는 신뢰할 수 있는 분이라는 것을 입증한, 두 사람의 간증으로 이번 장의 결론을 대신하고 싶다. 위대한 탐험가 스탠리(H. M. Stanley, 1841~1904) 경(卿)은 이렇게 말했다.

"나는 보잘것없는 인간으로서, 기도가 효험이 없다고 감히 말하지 못한다. 간절히 구할 때마다 응답을 받기 때문이다. 나와 탐험 대원들은 위험이 임박했을 때에 지혜롭게 극복할 수 있도록 안내의 빛을 달라고 구했다. 그때 한줄기의 광선이 혼란스러운 내 마음에 비추어 탈출로를 환하게 가리켜주었다. 하나님 앞에 문제를 내놓은 사람은 무릎을 펴고 일어날 때, 흐뭇한 만족감과 평안함으로 기도가 응답되었다는 것을 알 수 있을 것이다. 나는 기도가 응답된다는 확실한 증거를 갖고 있다."

서아프리카 개척 선교의 이야기로 우리 모두를 감동에 젖게 하는 메리 슬레서(Mary Slessor, 1848~1915)는 기도가 자신에게 무엇을 의미하느냐는 질문을 받았을 때 이렇게 대답했다.

"제 삶은, 육체의 건강과 정신적인 과로의 해소와 기적적인 인도하심과 위험으로부터의 건져내심과 복음에 대한 적대감의 진압과 정확한 시간에 필요한 음식의 조달과 봉사에 대한 기도의 응답을 날마다 시간마다 적어놓은 기나긴 기록입니다. 저는 하나님께서 기도에 응답하신다는 것을 온전히 두려운 마음으로, 그분의 경이로움에 압도되어 입증할 수 있습니다. 저는 하나님께서 진실한 기도에 응답하심을 믿습니다."

1. 하나님의 응답은 "좋다", "아니다", "기다려라" 가운데 하나이다.

"좋다"(Yes)는 내가 기도한 대로 주시는 것을 말한다. 하나님은 경우에 따라서 "아니다"(No)라고 대답하신다. 그러나 이것이 반드시 기도하는 사람의 삶에 죄가 있기 때문은 아니다. 하나님의 거절은 종종 우리의 무지나 이기심에서 비롯된다(롬 8:26). 하나님은 때로 "기다려라"(Wait)라고 대답하신다. 우리가 기도한 것을 받기에는 이르기 때문에 기다리도록 하신다.

2. 하나님께서 내 기도를 들어주시지 않는다고 불평하지 말라.

육신의 아버지가 자녀에게 선물을 주는 것처럼 하나님께서도 우리에게 기도하는 법을 친히 가르쳐주시는 성령님을 흔쾌히 주신다. 그러나 자녀가 선물을 사용하기에 적합하지 않은 상태라면 어떤 선물도 자녀에게 좋은 선물이 될 수 없다. 우리가 영적인 은사를 하나님의 영광을 위해 사용하지 못한다면, 그분은 우리에게 그것을 선물로 주지 못하신다.

3. 우리의 기도가 응답되는 까닭은 성자와 성령께서 중보하시기 때문이다.

주 예수님은 우리를 위해 항상 중보기도를 드리신다(히 7:25). 성령께서도 우리를 위해 중보기도를 드리신다(롬 8:26). 성부 하나님께서는 성자와 성령의 기도를 거절하지 못하신다. 이처럼 성자와 성령께서 우리를 위해 중보기도를 드리고 계신데 어찌 기도가 이루어지지 않겠는가?

여호와께서는 자기에게 간구하는 모든 자
곧 진실하게 간구하는 모든 자에게 가까이 하시는도다 시 145:18

항상 기뻐하라 쉬지 말고 기도하라 범사에 감사하라
이는 그리스도 예수 안에서
너희를 향하신 하나님의 뜻이니라 살전 5:16-18

Be joyful always; pray continually;
give thanks in all circumstances,
for this is God's will for you in Christ Jesus. 1 Thessalonians 5:16-18

3부

감사의 영광

Give Thanks

은혜의 보좌 앞에
담대히 나아가라

정결한 심령과 단순한 믿음과 거룩한 삶을 갖춘 사람이라면,
하나님께서는 남녀노소를 불문하고 모든 사람의 기도에 응답하신다.
하나님께서는 우리의 필요를 공급해주실 것이다.

하나님께는 특별한 일이 아니다

단순한 본성을 가진 우리는 대단한 응답, 놀라운 응답, 감탄할 응답 등 매우 깜짝 놀랄 제목들을 이번 장의 제목으로 택하려고 할 것이다. 그러나 하나님께서 기도에 응답하시는 것은 인간이 기도하는 것만큼이나 자연스러운 일이다. 우리는 이것을 귀담아들어야 한다. 하나님은 우리의 간구 듣기를 매우 기뻐하시며, 또한 그에 응답하시기를 좋아하신다.

우리는 어떤 부자가 가난에 찌든 사람들에게 후하게 베풀었다거나 선교회의 위태로운 재정난을 말끔히 해결해주었다는 소식을 들을 때, "그런 일을 할 수 있다니 정말 대단해!"라고 감탄한다. 그런데 하나님

께서 우리를 사랑하시는 것이 사실이라면, 하나님께서 우리가 구하는 것을 주실 때에 자선을 베풀고 기뻐하는 부자들 이상으로 크게 기뻐하지 않으시겠는가?

이제 나는 기도 응답에 대한 사례를 조금 더 이야기하려고 한다. 이렇게 하는 까닭은 우리가 더욱 담대하게 은혜의 보좌 앞으로 나아가기 위함이다. 우리가 죄인을 위해 기도할 때에 하나님께서 그를 구원하실 것이다. 과연 그러한지 지금 즉시 실행해보라!

술에 취해 기도회에 참석한 사람

며칠 전, 열심히 기도하는 어떤 사람과 이 문제에 대해 이야기를 나누고 있을 때, 그가 불쑥 내게 물었다.

"혹시 런던에 있는 ○○교회를 아십니까?"

"네, 잘 알고 있죠. 몇 번 가보기도 했으니까요."

"그러면 제가 거기서 신앙생활했을 때에 일어났던 일에 대해 말씀을 드리고 싶습니다. 저는 주일 오전 8시 예배를 드리기 전에 언제나 기도회에 참석했습니다. 그런데 어느 주일 아침, 기도회를 마치고 일어날 즈음에 교회의 일꾼 한 사람이 '목사님, 제 아들을 위해 기도해주십시오. 지금 스물두 살이나 되었는데 몇 년째 교회에 나오지 않고 있습니다'라고 부탁했습니다. 그러자 그 목사님이 '5분 정도의 여유가 있으니 함께 기도합시다'라고 말했습니다. 우리는 다시 무릎을 꿇고 그 청년을 위해 간절히 기도했습니다. 그런데 아무도 이 기도에 대해 그에게 말하지 않았는데, 그날 저녁에 그 청년이 교회에 모습을 나타냈습니다. 그 청년은 설교를 듣고 죄를 뉘우쳤고, 상한 마음으로 기도실에 들어가 기도하는 가운데 예수 그리스도를 구세주로 영접하였습니다."

그 다음 월요일 아침, 교구에서 처치 아미(Church Army, 성공회의 조직으로 1882년에 창설된 전도봉사단체)의 대장으로 일하는 내 친구가 주간 사역자 회의에 참석했다. 그 친구가 목사님께 "어젯밤의 회심(回心) 사건은 하나님이 기도하라고 주시는 도전이었습니다. 그 도전을 받아들여야 하지 않겠습니까?"라고 말했다. 이에 목사님이 "무슨 뜻으로 하는 말씀입니까?"라고 물었다. 내 친구는 "말하자면 교구에서 가장 평판이 좋지 못한 사람 하나를 선택해서 그 사람을 위해 기도하자는 것입니다"라고 대답했다. 그래서 그들은 교구에서 K씨를 만장일치로 선택하고 그를 위해 기도하기로 뜻을 모았다.

그런 다음, 그들이 선교실에서 토요심야기도회를 열어 K씨의 이름을 부르며 간절히 기도하고 있을 때, 갑자기 문이 활짝 열리더니 문제의 그 K씨가 술에 잔뜩 취해 비틀거리며 들어왔다. 그는 전에 선교실에 한 번도 들어와본 적이 없었다. 그는 모자를 벗지도 않고 문가에 있는 의자에 앉아 두 손으로 얼굴을 감쌌다. 순식간에 기도회가 상담 모임으로 바뀌었다. 비록 그는 술에 취해 있었지만 자신을 찾으시는 주님을 만났다. 그 후로 그는 죄의 지배를 받는 삶으로 돌아가지 않았다. 지금 그는 훌륭한 전도사가 되어 조선소(造船所)에서 사역하고 있다.

아! 그런데 왜 우리는 회개하지 않은 친구들을 위해 기도하지 않는 것일까? 우리가 그들에게 간청할 때에 그들이 우리의 말을 듣지 않을 수도 있다. 그러나 주께 기도하면 그들은 더 이상 버티지 못할 것이다. 가장 악한 사람의 구원을 위해 두세 사람이 함께 기도하자. 그리고 하나님께서 무슨 일을 하실지 똑똑히 주시하자. 하나님께 아뢰자. 그리고 하나님을 신뢰하자. 하나님은 오묘하실 뿐 아니라 실로 놀라운 방법으로 이적을 행하실 것이다.

최근에 댄 크로퍼드(Dan Crawford, 20세기 초의 아프리카 선교사)에게 들은 이야기다. 한번은 그가 휴가를 마치고 선교 현장으로 급히 돌아갈 일이 생겼다. 그러나 깊은 강이 홍수로 범람하여 평소 요긴하게 사용하던 보트로도 건널 수가 없었다. 그래서 그는 동료들과 함께 강 이편에 캠프를 설치하고 기도하기 시작했다. 만약 믿지 않는 사람이 이 광경을 지켜보았다면 깔깔거리며 웃었을 것이다. 어떻게 하나님이 그들을 강 건너로 보내실 수 있단 말인가? 그러나 그들이 기도를 시작하자 수십 년 동안 강가에 서 있던 커다란 고목 한 그루가 흔들흔들하더니 마침내 쓰러져 나무 한쪽이 강 저편에 닿았다. 이에 크로퍼드는 말했다.

"하늘 왕실의 공병대(工兵隊)가 하나님의 종들을 위해 부교(浮橋)를 설치한 것이다."

너도 예수를 믿지 않니?

당신은 이 같은 기도의 간증을 접하고 있을 것이다. 그렇다면, 하나님께서 어린 소년과 소녀의 기도를 들으신다는 사실(창 21:17)을 당신에게 상기시켜주고 싶다. 우리의 어린 자녀들이 기도를 유업으로 삼아 응답받는 기도생활을 매일 체험할 수 있기를 간절히 바라는 마음으로 다음 이야기를 덧붙이고자 한다.

얼마 전, 중국의 체푸에 위치한 선교학교의 기숙사에서 생활하던 열두 살의 마나시라는 소년이 방학을 맞아 집으로 돌아갔다. 그 소년은 중국인 목사의 아들이었다.

하루는 소년이 문간에 서 있는데 어떤 사람이 말을 타고 이쪽으로 전속력으로 달려오는 것이 보였다. 그 사람은 이교도였는데 무척이나 불안해하는 눈치였다. 그 사람은 목사를 정신없이 찾았다. 소년은 아버지가 출타 중이라고 말했다.

그 가련한 사람은 무척이나 실망하면서, 목사의 집을 찾아온 이유를 설명했다. 자기 친구의 며느리가 귀신에 들려, 거룩한 사람을 데려다가 귀신을 쫓아내기 위해 멀리 떨어진 마을에서 황급히 달려왔다는 것이었다. 그는 귀신에게 갈기갈기 찢기고 있는 그 가엾은 여인에 대한 슬픈 소식을 하염없이 쏟아내었다. 그녀는 격노하여 헛소리를 지껄이고 욕설을 퍼붓는가 하면, 머리를 풀어헤치고 자신의 얼굴을 할퀴고 옷을 갈기갈기 찢고 가구들을 때려 부수고 그릇들을 집어 던졌다. 또한 온갖 불경스럽고 추잡하고 낯 뜨거운 말을 내뱉다가, 마침내는 정신적으로 신체적으로 쇠약해져 입에 거품을 물고 쓰러진다는 것이었다. 하지만 소년은 "아버지는 출타 중이세요"라고 되풀이할 수밖에 없었다.

미칠 것처럼 흥분했던 그 사람은 한참이 지나서야 소년의 말을 이해하는 것 같았다. 그런데 그가 갑자기 소년 앞에 무릎을 꿇더니 절망적으로 두 손을 벌리면서 "너도 예수를 믿지 않니? 네가 가면 안 되겠니?"라고 청하였다.

새로운 날

잠시 생각해보라. 그 소년은 고작 열두 살이었다. 그러나 어린 소년일지라도 구세주께 모든 것을 맡겼다면 하나님 아버지께 쓰임을 받는 것을 겁낼 필요가 없는 것이다! 처음에 소년은 잠깐 놀랐고 주저했다. 그러나 소년은 모든 것을 주님의 처분에 맡겼다. 소년은 그 옛날 사무엘이 그랬던 것처럼 범사에 하나님께 기꺼이 순종하는 아이였다. 소년은 그 사람의 간절한 애원을 주님의 부르심으로 받아들였다. 그러자 그 사람은 말안장에 펄쩍 뛰어올라 소년을 뒤에 태운 다음, 다시 힘차게 내달리기 시작했다.

마나시는 가는 길에서 이런저런 생각을 하기 시작했다.

'나는 예수 그리스도의 이름으로 귀신을 쫓아달라는 부탁을 수락했어. 하지만 나는 하나님께 쓰임을 받을 만한 자격이 있는 것일까? 내 마음이 그렇게 정결한가? 내 믿음이 그렇게 강한가?'

소년은 말을 타고 가면서 아직 고백하지 않은 죄가 있는지 조심스레 마음을 살피고 또 살폈다. 그리고 무슨 말을 해야 할지, 어떻게 행동해야 할지 인도해달라고 주께 기도하는 한편, 성경에서 귀신 들린 자를 다루었던 예들을 상기하려고 노력했다. 그런 다음에 능력과 자비의 하나님께 겸손하게 자신을 맡겼으며, 그분의 영광을 위해 도와달라고 간절히 구하였다.

그들이 도착하자 귀신 들린 여자의 가족이 고통스러워하는 여인을 침상에 억지로 눕히고 위에서 사지를 누르고 있었다. 그녀는 목사를 부르러 심부름꾼이 다녀왔다는 말을 듣지 못했지만 마당에서 나는 발자국 소리를 듣자마자 발악하듯이 소리쳤다.

"도망쳐야겠으니 썩 물러가거라! 나는 도망가야 해! 예수쟁이가 오고 있단 말이야! 나는 그를 이길 수가 없어. 그의 이름은 마나시야!"

마나시는 방으로 들어가 가족과 예를 갖추어 인사를 나눈 뒤에 무릎을 꿇고 기도하기 시작했다. 그리고 주 예수님을 찬양하는 찬송을 불렀다. 그런 다음, 부활하여 영광을 받으신 전능하신 주님의 이름으로 귀신에게 명령하여 가련한 여인에게서 나오라고 외쳤다. 그러자 그녀가 즉시 힘을 잃고 쓰러지면서 잠잠해졌다.

그날 이후로 그녀는 건강을 완전히 회복하였다. 나중에 그녀는, 귀신이 들렸을 때에 예수 믿는 소년의 이름을 알고 있더라는 마을 사람들의 말을 듣고 깜짝 놀랐다. 그런 이름을 들어본 적도 없거니와 마을 전체가 이교(異敎)를 믿고 있었기 때문이었다. 그날은 마을 사람 모두

에게 진정한 '새로운 날'이 되었다. 왜냐하면 그 사건을 통하여 하나
님 말씀이 마을 전체에 두루 퍼졌고 또한 하나님의 이름이 드높임을
받았기 때문이다.

비난할 것인가, 기도할 것인가?

사랑하는 그리스도인이여! 이 짧은 이야기에 어떤 감명을 받았는지
잘 모르겠지만, 나는 존재의 가장 깊은 곳까지 전율하는 감동을 받았
다. 내가 보기엔 우리 대다수가 하나님의 능력과 그분의 압도적이고
불가항력적인 사랑에 대해 아직 많이 모르는 것 같다. 아! 하나님의 사
랑은 참으로 크다! 우리가 기도할 때마다 그 놀라운 사랑이 특별한 방
식으로 우리를 덮어 싼다.

우리가 진정으로 복되신 구세주를 사랑한다면 기도를 통해 그분과
교제하기를 더욱 자주 갈구해야 하지 않을까? 사랑하는 형제자매여!
우리가 서로 비난을 많이 하는 것이 기도를 많이 하지 않기 때문이 아
니겠는가?

우리가 세상을 심판하고 정죄하기 위해 보냄을 받은 게 아니라, 사
랑의 구세주처럼 "저로 말미암아 세상이 구원을 받게"(요 3:17) 하려고
보냄을 받았다는 사실을 기억하자.

누군가 생각 없이 내뱉은 비난의 말이 그 말을 듣는 사람을 그리스
도께 더 가까이 데려가겠는가? 트집을 잡는 말이 그 말을 내뱉은 장본
인에게 예수 그리스도를 더욱 닮아가도록 도움을 주겠는가? 다른 사

람을 비난하고 트집 잡고 헐뜯는 마음을 버리자. 그러면 사도 바울이 당신을 향해서 "너희 중에 이와 같은 자들이 있더니 주 예수 그리스도의 이름과 우리 하나님의 성령 안에서 씻음과 거룩함과 의롭다 하심을 얻었느니라"(고전 6:11)라고 말하지 않겠는가?

내가 무엇을 겨냥하고 이런 말을 하고 있는지 아는가? 우리가 다른 사람에게서 나쁜 성향과 단점을 찾아내려고 탐침(探針, 지뢰 따위가 있는지 알아내려고 찔러보는 기구)을 사용할 때, 그것이 바로 사탄의 역사라는 것을 지적하려는 것이다. 우리 마음에 사탄이 들어와 거리낌 없이 정죄하고, 말과 행동을 근거 없이 부풀리는 점을 환기시키려는 것이다. 귀신은 문명화된 현대사회에서도 사람들을 홀리지만 이전과는 다소 다른 형태를 취한다. 그래서 그렇게 친절하고 다정다감한 우리의 친구들과 친지들이 집요하게 공격하는 죄에 의해 종종 구속을 당하고 매이는 것이다.

열여덟 해 동안 사탄에게 매인 바 된_눅 13:16

그들에게 간청하고 경고해도 헛수고로 끝날 수 있다. 우리는 공손한 언동(言動)과 관대함을 지나치게 중히 여기고 또한 자신의 결점과 약점을 지나치게 의식하는 탓에, 마나시처럼 당당히 서서 악한 영(사람들 마음속에 비난하는 마음을 집어넣는)을 몰아내지 못하고 있다. 당신은 기도한 적이 있는가? 쉽게 성내지 않고 악한 것을 생각하지 않도록, 하나님의 사랑을 후원 받는 기도를 한 적이 있는가?

> 사랑은 오래 참고 사랑은 온유하며 투기하는 자가 되지 아니하며
> 사랑은 자랑하지 아니하며 교만하지 아니하며 무례히 행치 아니
> 하며 자기의 유익을 구치 아니하며 성내지 아니하며 악한 것을
> 생각지 아니하며 _고전 13:4,5

　정결한 심령과 단순한 믿음과 거룩한 삶을 갖춘 사람이라면, 하나
님께서는 남녀노소를 불문하고 이런 모든 사람의 기도에 응답하신다.
그러나 우리는 제아무리 잘났어도 여전히 연약하고 불완전한 종에 지
나지 않는다.

　비록 우리가 진실하다고 해도 때로는 잘못 구할 수가 있다. 그러나
하나님께서는 약속을 신실하게 준행하실 것이며 해로운 것들로부터
우리를 지켜주실 것이며 우리의 필요를 공급해주실 것이다.

> 사랑하는 자들아 만일 우리 마음이 우리를 책망할 것이 없으면
> 하나님 앞에서 담대함을 얻고 무엇이든지 구하는 바를 그에게 받
> 나니 이는 우리가 그의 계명들을 지키고 그 앞에서 기뻐하시는
> 것을 행함이라 _요일 3:21,22

우리는 기도 응답을 누리고 있는가?

하나님께서는 가장 좋은 것을 알고 계신다.

그분은 그 자녀들보다 지혜로우시다.

그러므로 우리는 그분을 온전히 의지할 수 있다.

1. 영혼을 구원하기 위한 기도에는 역사하는 힘이 있다.

   우리는 회개하지 않는 불신 영혼들을 위해 기도해야 한다. 우리가 그들에게 직접 간청할 때에는 그들이 우리 말을 듣지 않을 수도 있다. 그러나 주께 기도하면 그들은 더 이상 버티지 못할 것이다. 가장 완악한 사람의 구원을 위해 두세 사람이 함께 기도할 때에 하나님께서 실로 놀라운 방법으로 이적을 행하실 것이다.

2. 비난하지 말고 기도하라.

   우리가 서로 비난을 많이 하는 것은 기도를 많이 하지 않기 때문일 것이다. 우리가 세상을 심판하고 정죄하기 위해 보냄을 받은 게 아니라, 사랑의 구세주처럼 "저로 말미암아 세상이 구원을 받게"(요 3:17) 하려고 보냄을 받았다는 사실을 기억해야 한다. 우리가 비난하지 않고 그를 위해 기도하게 될 때에 그가 구원의 길로 인도함을 받게 됨을 잊지 말라.

3. 하나님께서 지켜주심을 믿고 기도하라.

   정결한 심령과 단순한 믿음과 거룩한 삶을 갖춘 사람이라면, 하나님께서는 남녀노소를 불문하고 이런 모든 사람의 기도에 응답하신다. 그러나 우리는 제아무리 잘났어도 여전히 연약하고 불완전한 종에 지나지 않는다. 비록 우리가 진실하다고 해도 잘못 구할 수가 있다. 그러나 하나님께서는 약속을 신실하게 준행하실 것이며 해로운 것들로부터 우리를 지켜주실 것이며 우리의 필요를 공급해주실 것이다.

우리가 긍휼하심을 받고 때를 따라 돕는 은혜를 얻기 위하여
은혜의 보좌 앞에 담대히 나아갈 것이니라 히 4:16

기도의 사람만이
하늘 능력을 소유한다

능력의 사람들은 기도의 사람들이다. 예외가 있을 수 없다.
하나님께서는 오직 기도의 사람에게만 성령을 충만하게 주신다.
그리고 기도의 응답이 오는 것은 성령의 역사를 통해서이다.

모른다고 사용하지 못하는 것은 아니다

하나님을 완전하게 이해하는 것, 하나님이 우리를 대하시는 방법을
온전히 이해하는 것은 전적으로 불가능하다.

깊도다 하나님의 지혜와 지식의 부요함이여 그의 판단은 측량치

못할 것이며 그의 길은 찾지 못할 것이로다 _롬 11:33

옳은 말씀이다. 그러나 우리는 있지도 않은 문제를 공연히 만들어
낼 필요가 없다. 하나님께서 전지전능하신 분이라면, 간혹 우리에게
혼란스러운 사건이 일어난다손 치더라도 기도하는 데에는 아무 문제

가 없다. 우리는 하나님께서 인도하시려는 길을 알 수 없다. 하지만 기도에 응답하시는 하나님의 방법에 대해서는 어느 정도 알 수 있다.

우리가 평범한 것들에 대해 거의 알지 못하고 있다는 사실을 상기하는 것으로 이야기를 시작해볼까 한다. 심오한 지식의 소유자인 발명가 에디슨(Thomas Edison)은 1921년에 다음과 같은 말을 했다.

"우리는 어떤 사물에 대해 1퍼센트의 1백만분의 1도 모른다. 우리는 물이 무엇인지, 빛이 무엇인지, 중력이 무엇인지, 어느 것의 도움을 입어 두 발로 서 있을 수 있는지, 전기가 무엇인지, 열이 무엇인지, 자기(磁氣)가 무엇인지 도무지 알지 못한다. 우리는 가설(假說)만 많이 갖고 있다. 그게 전부이다."

하지만 우리가 이 모든 것을 모른다고 해서 사용하지 못하는 것은 결코 아니다. 마찬가지다. 우리는 기도에 대해 많은 것을 알지 못한다. 그렇다고 해서 기도하지 못하는 것은 결코 아니다. 우리는 주께서 기도에 대해 무엇이라 가르치셨는지 알고 있다. 그리고 우리는 주께서 우리에게 모든 것을 가르쳐주시기 위해 성령을 보내주셨다는 것(요 14:26)도 알고 있다. 그렇다면 하나님께서는 어떻게 기도에 응답하실까? 한 가지 방법은 다음과 같다.

기도하는 사람에게 계시하심으로써

하나님께서는 기도하는 사람에게 그분의 마음을 계시하신다. 성령께서 기도하는 사람의 마음에 새로운 생각들을 불어넣으신다. 우리는 사탄과 그 졸개들이 우리 마음에 나쁜 생각을 불어넣으려고 부지런히 역사하고 있다는 것을 너무도 잘 알고 있다. 그렇다면, 성령께서 정말로 우리에게 선한 생각을 주실 수 있을까? 가난한 자, 연약한 자, 죄인조차도 다른 사람들 마음에 선한 생각을 불어넣을 수 있다. 사람들이 책을 쓰는 까닭이 바로 그것 때문이다.

우리는 흰 종이 위에 찍힌 유별난 모양의 검은 표시들(활자들) 몇 개가 사람들을 고양시키고 격려하고, 우울하게 하고 주저앉히고, 심지어 죄를 자각하게 한다는 것을 하나도 신기하게 여기지 않는다. 하지만 교육을 받지 못한 야만인들은 이것을 엄청난 기적으로 여긴다. 더욱이 우리는 사람들의 표정과 눈동자의 움직임에서 그들의 생각과 마음 상태를 읽곤 한다.

오늘날에는 사람과 사람 사이에 생각을 전달하는 것이 아주 흔한 것이 되어버렸다. 마찬가지로 하나님은 그분의 생각을 실로 다양한 방법으로 우리에게 전달하실 수 있다.

작년에 노스필드에서 한 연사가 전한 이야기가 이 사실의 주목할 만한 예가 될 것이다. 그는 서너해 전에 노령의 포경선 선장을 만난 적이 있었다고 말하면서, 그에게 다음과 같은 이야기를 들었다고 했다.

"어지간히 오래전 일이올시다. 고래를 잡기 위해 케이프혼에서 멀리 떨어진 적막한 바다를 항해하는 중이었지요. 그런데 하루는 남쪽으로 방향을 잡았는데 정면에서 강풍이 불어 닥쳤어요. 하루 종일 씨름했지만 좀처럼 전진할 수 없었습니다. 오전 11시쯤, 타륜(舵輪)을 잡고 서 있는데 불현듯 '파도와 싸우며 남쪽으로 가야 할 까닭이 무엇이지? 북쪽으로 가도 남쪽만큼 고래가 많을 거야. 역풍을 타는 대신 순풍을 타면 어떨까?' 하는 생각이 드는 거예요. 그래서 항로를 바꾸어 북쪽으로 항해하기 시작했죠. 그렇게 한 시간쯤 지나 정오 무렵이 되었을 때, 돛대 꼭대기에 올라가 있던 망꾼이 '전방에 배가 있다!'라고 소리를 지르는 것 아니겠어요? 따라가 보니 열흘 전에 화재로 침몰한 선박에서 살아남은 열네 명의 선원이 네 척의 구명보트에 나누어 타고 표류하고 있었어요. 필사적으로 표류하면서 하나님께 구조를 간구하고 있었는데 우리가 마침 당도하여 그들을 구조한 것입니다. 하루만 늦었더라면 생존을 장담할 수가 없는 상태였습니다."

그리고 나서 노령의 고래잡이 선장은 다음과 같이 덧붙였다고 한다.

"당신은 종교를 믿는지 모르겠습니다만 저는 우연히 그리스도인이 되었습니다. 그리고 저를 유용하게 사용하셔서 다른 사람을 돕게 해달라고 하나님께 기도하는 것으로 하루하루를 시작했지요. 하나님께서 그날 제 마음에 항로를 바꾸라는 생각을 불어넣으셨다고 확신합니다. 그 생각이 열네 명의 귀한 목숨을 구하는 수단이 되었던 것이지요."

하나님께서는 많은 것을 우리에게 말씀하신다. 하나님께서는 많은 생각을 우리 마음에 불어넣으신다. 그런데 우리는 하나님의 일을 하느라 너무 바빠서 하나님의 음성을 경청하지 못한다. 그러나 기도는 하나님께 기회를 드린다. 하나님은 기도를 통해 우리에게 말씀하시고 또한 그분의 뜻을 계시하신다. 우리는 다음과 같이 말하는 태도를 몸에 익혀야 한다.

여호와여 말씀하옵소서 주의 종이 듣겠나이다 _삼상 3:9

하나님께서는 우리가 기도의 제목으로 삼고 있는 사람들 마음에 새로운 생각을 불어넣으심으로써 우리 기도에 응답하기도 하신다.

한번은 승리의 삶에 대해 일련의 설교를 하면서, 진정으로 신령한 삶을 살기를 원한다면 다투지 말고 화해해야 한다고 교인들에게 촉구한 적이 있었다.

어떤 부인이 그 설교를 듣고 집으로 돌아가, 진지하게 기도를 드린 후, 의견의 불일치로 다투어 20년 동안 관계를 끊고 지냈던 여동생에게 편지를 보냈다. 그녀의 동생은 50킬로미터 정도 떨어진 곳에 살고 있었다. 그런데 다음 날 아침, 편지를 보냈던 언니는 용서와 화해를 구하는 동생의 편지를 받았다. 언니의 편지가 동생에게 도착하기도 전에 동생에게 편지가 날아온 것이었다. 언니가 동생을 위해 하나님께 기도하는 동안, 하나님께서 동생에게 말씀하시고 동생의 마음에 화해하고자 하는 갈망을 불어넣으신 것이었다.

어쩌면 당신은 "하나님께서 그런 갈망을 동생의 마음에 10년 전쯤에 미리 불어넣지 않으신 까닭이 무엇일까?"라고 말할지 모른다. 그 점에 대해 말하자면, 언니가 기꺼이 용서할 마음을 갖기 전까지는 동생이 용서를 구하는 편지를 보내도 소용이 없으리라는 것을 하나님께서 예견하셨기 때문이 아닐까 생각된다. 우리가 다른 누군가를 위해 기도할 때에 그 기도가, 하나님께서 이런저런 방법으로 그 사람에게 영향을 끼치도록 길을 열어주신다는 것은 명백한 사실이다. 하나님은 우리의 기도를 필요로 하신다. 그렇지 않다면 기도하라고 명하시지 않았을 것이다.

얼마 전 주간기도회가 끝날 즈음, 경건한 부인 한 사람이 자기 남편을 위해 기도해달라고 참석자들에게 요청하였다. 남편이 도무지 예배에 참석하려 하지 않는다는 것이었다. 기도회 인도자는 기도회를 연장하자고 제의했고, 이어 모든 교인이 간절히 구하기 시작했다. 그녀의 남편은 아내에게 무척이나 잘하는 사람이라 종종 아내를 데리러 교회에 오곤 하였는데, 그날도 아내를 데리러 왔다가 기도회가 진행되는 도중에 교회 복도에 들어왔다.

그런데 하나님께서 그의 마음에, 문을 열고 기도실로 들어가 안에서 기다리고자 하는 마음을 불어넣으셨다. 그는 한 번도 그래본 적이 없었다. 그는 출입문 옆에 있는 의자에 앉아 턱을 괴고 구경을 하다가 간절히 간구하는 소리를 언뜻 듣게 되었다. 그리고 집에 가는 길에 아내에게 물었다.

"여보, 오늘 밤엔 누구를 위해서 그렇게 간절히 기도했소?"

"어떤 부인의 남편을 위해 기도한 거예요."

그녀가 대답했다.

"그래요? 누군지 몰라도 그 사람은 구원을 받을 것 같구려."

남편이 말했다.

"하나님께서 그런 간절한 기도는 반드시 들어주실 테니 말이오."

그리고 밤이 이슥해질 무렵, 그가 아내에게 다시 물었다.

"여보, 그런데 그 사람이 누구요?"

그녀는 좀 전에 그랬듯이, 그냥 어떤 부인의 남편이라고만 대답했다. 그는 잠자리에 누웠지만 도무지 잠을 이룰 수 없었다. 깊은 죄의 자각 때문이었다. 그는 하는 수 없이 아내를 깨워 자기를 위해 기도해 달라고 부탁했다.

이 사례는, 우리가 기도할 때에 하나님께서 역사하신다는 것을 명백히 보여준다. 하나님께서는 그날이 아닌 다른 어떤 날에라도 그 사람의 마음을 움직여 기도실 안으로 들어가도록 하실 수 있었다. 그러나 만약에 그가 다른 어떤 주간에 기도실에 들어갔다면 과연 그날처럼 선한 결과가 나올 수 있었을까? 그들이 온 마음을 다하여 그 사람을 위해 간절하게 기도하였으므로 하나님께서 그들이 그 가련한 사람에게 강력한 영향을 끼칠 것이라고 여기신 것이었다.

우리의 기도에 스스로 응답할 수 있도록 힘을 주심으로써

또한 우리가 기도할 때, 하나님께서는 우리가 우리의 많은 기도에 스스로 응답할 수 있도록 힘을 주신다. 우리가 기도할 때, 하나님께서는 그런 방법을 통하여 우리의 사역을 돕기도 하시며 우리의 결단을

더욱 확고하게 만들어주기도 하신다.

혹독히 추운 어느 겨울날, 어느 부유한 농부 가족이 가난한 이웃들이 굶어죽지 않게 해달라고 하나님께 기도하고 있었다. 기도가 끝났을 때, 농부의 어린 아들이 말했다.

"아버지, 이런 일을 하나님께 부탁하면 안 될 거 같아요."

"왜 그런 생각을 했니?"

농부가 물었다.

"그들이 굶어죽지 않게 아버지가 보살피는 게 훨씬 쉽잖아요."

우리가 다른 사람을 위해 기도할 때에 또한 그 사람을 돕기 위해 최선의 노력을 다해야 한다는 것은 너무도 자명한 사실이다.

어떤 소년이 회개한 뒤에 자기 교회 목회자를 찾아가 그리스도를 위해 일하게 해달라고 청하였다. 목회자는 물었다.

"가까운 친구가 있니?"

"네."

소년이 대답했다.

"믿는 친구니?"

다시 목회자가 물었다.

"아뇨. 예전의 저처럼 정신을 차리지 못한 아이예요."

"그렇다면, 예수 그리스도를 구세주로 영접하라고 전도하렴."

"그건 안 돼요."

소년이 대답했다.

"그런 일은 할 수 없을 것 같아요. 그것만 뺀다면 무슨 일이든지 할 수 있어요."

"그러면 말이다…."

목회자가 대답했다.

"두 가지만 약속해다오. 하나는 그 친구의 영혼에 대해 그 친구에게 말하지 않겠다는 것이고, 다른 하나는 그 친구의 회개를 위해 하루에 두 번씩 기도하겠다는 거야."

"좋아요. 그건 할 수 있어요."

소년이 대답했다. 그런데 보름도 채 지나지 않아 소년이 가쁜 숨을 몰아쉬며 사택을 찾아와 외쳤다.

"목사님, 약속을 없던 걸로 해주세요. 친구한테 말하지 않고는 견딜 수가 없어요!"

그 소년이 기도하기 시작했을 때, 하나님께서 전도할 힘을 주신 것이었다. 우리의 친구들과 진정으로 교제하기 위해서는 먼저 하나님과 교제하는 것이 필수적이다. 크리스천이 다른 사람들에게 그들의 영적 상태에 대해 좀처럼 말하지 못하는 까닭은 그들을 위해 좀처럼 기도하지 않기 때문이다.

나는 기도에 대한 믿음을 확신했던 때를 잊지 못한다. 그러니까 내가 열세 살이었을 때 어느 날, 하루 동안에 해외선교의 새로운 후원자 20명을 확보할 수 있게 해달라고 간절히 구한 적이 있었는데, 그날이 가기도 전에 정확히 20명의 명단을 확보하였던 것이다. 하나님께서 기도를 들어주시리라는 확신이 더욱 열심히 노력하는 동기가 되었고 또한 다른 사람에게 다가가도록 특별한 용기를 주었기 때문이다.

영국의 한 목회자가, 마을에서 가장 나쁜 사람 하나를 골라 매일 기도한 뒤에 직접 가서 복음을 전하자고 교인들에게 제안했다. 오직 여섯 명만이 그렇게 하겠다고 동의했다. 그 목회자는 집으로 돌아오자마자 기도하기 시작했다. 그리고 생각했다.

"아무래도 교인들 손에 맡겨놓으면 안 되겠어. 내가 직접 시작해야지. 하지만 나는 나쁜 사람을 잘 모르니까 직접 나가서 찾아보겠어."

그는 거리로 나가 가장 거칠어 보이는 한 남자에게 접근하여 물었다.

"혹시 당신이 이 지역에서 가장 나쁜 사람이십니까?"

"아뇨."

"그럼 혹시 그런 사람을 알고 계십니까?"

"이 거리를 따라 7번지로 가면 만날 수 있을 겁니다."

그는 7번지로 가서 문을 두드린 뒤에 안으로 들어갔다.

"제 교구에서 가장 나쁜 사람을 찾고 있는 중인데, 사람들이 당신을 지목하던데요."

"누가 그런 소리를 한답니까? 그 사람을 이리로 데려오세요. 누가 가장 나쁜 인간인지 가르쳐줄 테니까요. 이 동네엔 저보다 더 나쁜 사람이 훨씬 많아요."

"그러면 당신이 알고 있는 사람들 중에 누가 제일 나쁜 사람입니까?"

"누구나 다 아는 사람이 하나 있죠. 저 골목 끝에 살아요. 그가 가장 나쁜 사람이에요."

그래서 그 목회자는 골목 끝으로 내려가 막다른 곳에 있는 집의 문을 두드렸다.

"들어오세요!"

안에서 어떤 사람이 퉁명스러운 목소리로 대답했다.

집 안에는 한 남자와 여자가 있었다.

"실례합니다. 저는 이 근처 교회의 목회자입니다. 이 지역에서 가장 나쁜 사람에게 할 말이 있어서 이렇게 찾아다니고 있는 중입니다. 당신이 혹시 가장 나쁜 사람입니까?"

그러자 남자가 아내를 바라보며 말했다.

"여보, 5분 전에 당신한테 했던 말들을 이 분께 해드리구려."

"당신이 직접 말하세요."

"무슨 말씀인데 그러십니까?"

목회자가 물었다.

"저는 12주 동안 술을 마시고 있는 중입니다. 알코올 중독으로 인한 섬망증에 걸려 집 안에서 값나가는 물건은 몽땅 전당포에 저당을 잡혀버렸죠. 그래서 몇 분 전에 아내에게 '여보, 이제 좀 벗어나고 싶어. 그렇게 안 된다면 부질없는 목숨 끊어버리고 싶어. 물에 빠져 죽고 싶어!' 라고 말했죠. 그때 목사님께서 문을 두드린 겁니다. 목사님 말씀이 맞습니다. 제가 가장 나쁜 인간입니다. 그런데 저한테 하실 말씀이 무엇입니까?"

"제가 여기 온 것은 예수 그리스도가 가장 위대한 구세주라는 것과 가장 나쁜 인간을 가장 선한 인간으로 만드실 수 있다는 것을 말씀드리기 위해서입니다. 그분께서 저도 그렇게 만드셨으니 당신도 그렇게 만드실 것입니다."

"그분이 저 같은 인간도 그렇게 만들 수 있을까요?"

"그분이라면 할 수 있으리라 확신합니다. 무릎을 꿇고 구하세요."

그 가련한 술주정뱅이는 죄에서 구원을 받았을 뿐 아니라 지금은 그리스도의 눈부신 일꾼이 되어 수많은 알코올 중독자들을 주 예수 그리스도께로 인도하고 있다.

하나님께로 인도하고 순복하라

하나님께서 기도에 응답하여 신체를 치유하실 수 있으며, 비를 내리거나 맑은 날씨를 주시거나, 재난을 막아주실 수 있다는 것을 당신은 정말로 확실히 믿고 있는가?

우리는 무한한 지식을 소유하신 하나님과 관계를 맺고 있다. 하나님께서는 의사에게 특정한 약이나 식이요법이나 치료법 처방의 지혜를 주실 수 있다. 모든 의학기술은 하나님으로부터 나온 것이다. 하나님께서는 우리를 창조하셨으므로 "우리의 체질을 아신다"(시 103:14). 하나님께서는 세상에서 가장 유능하고 똑똑한 의사보다 우리의 체질을 잘 아신다. 하나님께서 만드셨으므로 하나님께서 고치실 수 있는 것이다.

하나님께서는 우리가 의료기술을 사용하는 것을 반대하지 않으신다. 우리는 이 사실을 믿는다. 그러나 우리는, 하나님께서 인간의 협조를 받지 않고서도 그 놀라우신 지식으로 신체를 치유할 수 있으며 때로 그렇게 하신다는 것을 믿는다. 그러므로 우리는, 하나님께서 그분의 방법으로 역사하시도록 순복해야 한다. 우리는 우리가 승인하는 방법 안에 하나님을 가두어놓는 경향이 있다. 우리 기도에 응답하심으로써 하나님의 이름을 영화롭게 하시는 것이 하나님께서 의도하시는 바이다.

때로 하나님께서는, 우리가 합당한 동기를 갖고 있으면서도 잘못 구하는 것을 보신다. 사도 바울은 육체의 가시가 제거되기만 하면 하나님의 이름을 더욱더 영화롭게 할 수 있을 것이라고 생각했다. 그러나 하나님께서는 가시가 없는 바울보다, 가시가 있는 바울이 더 나은 사람이 될 수 있으며 더 나은 일을 할 수 있다는 것을 알고 계셨다. 그래서 그의 기도에 "안 돼", "안 돼", "안 돼"(No)라고 연거푸 대답하시며 이유를 설명하신 것이다.

방탕한 아들 어거스틴의 회개를 위해 실로 오랜 세월 동안 기도했던 모니카 역시도 마찬가지였다. 어거스틴이 집을 떠나 바다를 건너 로마로 가려고 결정했을 때, 그녀는 아들을 붙들어달라고, 자신의 영향력 아래 잡아달라고 간절하고도 열정적으로 기도했다. 그녀는 아들이 타고 갈 배가 정박해 있는 부두 근처에서 철야기도를 하기 위해 바닷가에 있는 작은 예배당으로 갔다. 하지만 아침이 되었을 때, 밤새 기도하는 동안 배가 이미 출항했다는 것을 깨닫게 되었다. 하나님께서 그녀의 간청을 거절하신 것이었다.

그러나 그녀의 진실한 소원은 응답을 받았다. 어거스틴이 성 암브로스(Ambrose, 339~397)를 만나 그리스도께 인도를 받은 곳이 바로 로마였기 때문이다. 하나님께서는 가장 좋은 것을 아신다. 이 사실이 우리에게 실로 크나큰 위로가 되지 않는가?

스스로 하도록 많은 것을 남겨놓으신다

이처럼 하나님께서는 때로 우리의 방법이 아니라 하나님의 방법에 따라 역사하신다. 이에 대하여 혹자는 "그럴 거라면 차라리 하나님이 그분의 방법에 따라 모든 것을 다 처리하실 것이지, '우리의 기도에 따라 많은 것이 좌우되도록' 만들어놓으신 까닭이 무엇이람? 너무 불합리한 처사가 아닌가?" 하고 불평할지 모른다. 그러나 그렇게 생각하면 절대 안 된다.

어떤 사람은 하나님이 정말로 우리를 사랑하신다면, 우리가 구하든 구하지 않든, 가장 좋은 것을 주셔야 하지 않겠느냐고 반문한다. 이 점에 대하여 포스딕(Harry Emerson Fosdick, 20세기 초 미국의 목회자)은, 하나님께서는 우리가 스스로 하도록 많은 것을 남겨놓으셨다고 지적했다. 하나님은 파종기와 추수기를 약속하신다. 그러나 밭을 마련하고 씨를 뿌리고 경작하고 거두는 것은 우리의 몫이다. 하나님께서는 우리에게 먹을 것과 마실 것을 공급하신다. 그러나 그것을 가져다 먹고 마시는 것은 우리의 몫이다.

하나님께서 우리의 도움 없이 하실 수 없는 일(적어도 하려고 하지 않는 일)이 몇 가지 있다. 우리가 먼저 생각하지 않으면 하나님께서 하실 수 없는 일이 몇 가지 있다.

하나님께서는 하나님의 진리를 하늘에 화려하게 펼쳐놓지 않으신다. 과학의 법칙은 언제나 우리 옆에 있다. 그러나 우리 자신의 유익과 하나님의 영광을 위해 그 법칙들을 사용하려면 그것들에 대해 생각하고 실험하고 또 생각해야 한다.

우리가 일하지 않으면 하나님께서 하실 수 없는 일들이 몇 가지 있다. 하나님께서는 야산을 대리석으로 가득 채워주신다. 그러나 하나님께서 예배당을 직접 지으신 적은 결코 없으시다. 하나님께서는 산들을 철광석으로 가득 채우신다. 그러나 바늘이나 기차를 직접 만들지는 않으신다. 하나님께서는 그런 것들을 우리에게 맡겨주신다. 일하는 것은 우리의 몫이다.

이처럼 하나님께서, 실로 많은 것이 우리의 생각과 일에 따라 좌우되도록 만드셨다면 '많은 것이 우리의 기도에 따라 좌우되도록' 하시면 안 되는가? 하나님께서는 분명 그렇게 하셨다.

구하라 그리하면 받으리니 _요 16:24

우리가 구하지 않으면 하나님께서 우리에게 주시지 않는 것들이 몇 가지 있다. 기도는 우리가 하나님과 협력하는 세 가지 방법(생각, 일, 기도) 중에 하나이다. 그리고 이것들 중 가장 큰 것이 기도이다.

능력의 사람들은 기도의 사람들이다. 예외가 있을 수 없다. 하나님께서는 오직 기도의 사람에게만 성령을 충만하게 주신다. 그리고 기도의 응답이 오는 것은 성령의 역사를 통해서이다. 모든 성도들 안에는 그리스도의 영이 내주하신다. 왜냐하면 "누구든지 그리스도의 영이 없으면 그리스도의 사람이 아니기"(롬 8:9) 때문이다. 하지만 능력 있는 기도의 사람은 성령으로 충만해야 한다.

최근에 어떤 여성 선교사는, '기도의 사람 하이드'가 회개하지 않은 사람과 이야기를 나눌 때마다 그들이 확실하게 회개하고 돌아왔다는 이야기를 들은 적이 있다고 말했다.

그러나 하이드는 불신자와 처음 대면했을 때에 하나님을 위해 그 사람의 마음을 어루만지지 못하면, 즉시 방으로 들어가 자신의 안에 있는 무엇으로 인하여 하나님께 쓰임을 받지 못했는지 깨달을 때까지 기도로 씨름했다고 한다. 그렇다. 우리가 성령으로 충만해질 때, 우리는 다른 영혼이 하나님께 돌아오도록 영향을 끼치지 않을 수가 없다. 하나님이 주시는 능력을 받으면 사람들에게 성령의 감화를 끼치지 않을 수 없다.

그러므로 우리가 던져야 할 가장 중대한 질문은 "하나님은 어떻게 응답하시는가?" 하는 것이 아니라 "나는 정말로 기도하고 있는가?" 하는 것이다. 하나님께서는 실로 놀라운 하나님의 능력을 우리의 처분에 맡겨주셨다. 그런데도 우리가 하나님의 마음을 거스르는 것들에 집착하여 아등바등 매달린다면 너무도 어처구니없는 일이 아니겠는가?

사랑하는 그리스도인이여! 예수 그리스도를 전적으로 신뢰하라. 그리하면 그분이 전적으로 신실한 분이심을 깨달을 것이다.

하나님께 그분의 마음을 우리 마음에 심어주실 수 있도록 기회를 드리자. 그리고 다시는 기도의 능력을 의심하지 말자.

1. 하나님은 기도하는 사람에게 계시하심으로써 기도에 응답하신다.

 하나님께서는 기도하는 사람에게 하나님의 마음을 계시하신다. 성령께서 기도하는 사람의 마음에 새로운 생각을 불어넣으신다. 그런데 우리는 세상사에 너무 바빠, 하나님의 일로 너무 분주한 탓에 하나님의 음성을 듣지 못할 때가 많다. 그러나 기도는 하나님께, 우리에게 말씀하시고 또 하나님의 뜻을 우리에게 계시하실 기회를 드린다.

2. 하나님은 우리가 우리의 기도에 스스로 응답하도록 힘을 주심으로써 기도에 응답하신다.

 우리가 기도할 때, 하나님께서는 우리가 우리의 기도에 스스로 응답할 수 있도록 힘을 주신다. 하나님께서는 그런 방법을 통하여 우리의 사역을 돕기도 하시며 우리의 결단을 더욱 확고하게 만들어주기도 하신다. 그러므로 기도하는 사람에게 하나님의 인도하심에 순복하는 일은 대단히 중요하다.

3. 기도 없이는 능력도 없다.

 능력의 사람들은 기도의 사람들이다. 여기에는 예외가 없다. 하나님께서는 오직 기도의 사람에게만 성령을 충만하게 주신다. 그리고 기도의 응답이 오는 것은 성령의 역사를 통해서이다. 모든 성도들 안에는 그리스도의 영이 내주하신다. 왜냐하면 "누구든지 그리스도의 영이 없으면 그리스도의 사람이 아니기"(롬 8:9) 때문이다. 하지만 능력 있는 기도의 사람은 성령으로 충만해야 한다.

하나님이 죄인을 듣지 아니하시고 경건하여
그의 뜻대로 행하는 자는 들으시는 줄을 우리가 아나이다 요 9:31

chapter 11
기쁜 감사가
모든 기도를 이룬다

기뻐하라! 기도하라! 감사하라! 이것이 순서이다.
이것이 당신과 나를 향한 하나님의 뜻이다.
우리의 찬양보다 하나님을 더 기쁘시게 하는 것은 없다.

기도의 장애물은 우리가 만든 것이다

"은혜의 보좌로 나아갈 때에 부딪히는 장애물이 실로 많도다!"

그렇다. 기도를 방해하는 것들이 실로 많다. 그러나 그것들 대부분
은 우리가 만든 것이다.

하나님께서는 우리가 기도하기를 원하신다. 반면에 사탄은 우리가
기도하기를 원하지 않아, 기도를 막기 위해 할 수 있는 모든 짓을 다
한다. 사탄은, 그리스도인이 일을 통해서보다 기도를 통해서 훨씬 더
많은 것을 이룰 수 있다는 것을 잘 알고 있다. 우리가 기도만 하지 않
는다면 사탄은 무엇이나 하도록 내버려둘 것이다.

사탄이 기도에 반대한다는 점은 앞에서 이미 살펴보았다.

"여전히 강한 능력을 지닌, 음흉하고도 잔혹한, 보이지도 않고 숫자도 엄청나게 많은 사악한 영들이 우리의 진군을 저지한다."

그러나 우리의 눈이 오직 주님만을 향한다면 그런 것들을 두려워할 필요도, 신경 쓸 필요도 없다. 거룩한 천사들이 타락한 천사들보다 훨씬 더 강하기 때문이며, 우리가 천군천사들의 보호를 받을 수 있기 때문이다. 우리는 우리의 기도를 그렇게나 자주 난파시키는 잡스러운 생각들이 사악한 영들에게서 비롯된 것임을 잘 알고 있다. 기도하려고 무릎을 꿇자마자 해야 할 일들, 신경을 써야 할 것들에 대한 생각이 우리 머리를 가득 채운다.

그러한 생각들이 사악한 영들의 농간에서 비롯된다는 것은 틀림이 없다. 이러한 잡스러운 생각들을 처리하기 위한 유일한 해결책은 우리 마음을 주께 고정시키는 것이다. 우리의 최악의 원수가 우리 자신이라는 것은 의심의 여지가 없다. 기도는 하나님의 자녀를 위한 것이다. 하나님의 자녀로서 살고 있는 사람은 반드시 기도해야 한다.

그러므로 우리가 던져야 할 가장 중요한 질문은 "나는 마음에 어떤 원수를 숨기고 있지 않은가?", "내 마음에 반역자가 있지 않은가?" 하는 것이다. 우리가 신뢰와 순종과 봉사의 조건을 충족시키지 않으면 하나님은 최선의 영적인 복을 주실 수 없다. 우리는 하나님께서 요구하시는 필수적인 요구사항을 충족시킬 생각조차 하지 않은 채 가장 높은 영적 선물을 간절히 구하고 있는 것이 아닌가? 영적으로 받을 자격도 없는 복들을 종종 구하고 있는 것은 아닌가? 우리는 하나님의 임재 안에 홀로 있을 때에 자신에게 정직한가? 감히 용기를 내어 정직하게 "하나님이여 나를 살피사 … 내게 무슨 악한 행위가 있나 보시고"(시 139:23,24)라고 말하고 있는가? 나를 위한 하나님의 복, 나를 통한 하나님의 복을 가로막는 어떤 것이 혹시 내 안에 있는 것은 아닌가?

우리는 '기도'라는 문제에 대해 토론한다. 그러나 토론과 해부가 진짜로 필요한 심각한 '문제'는 바로 우리 자신이다. 기도에는 아무 문제가 없다. 그리스도께 절대적으로 매달려 있는 심령의 기도에는 아무런 문제가 없다.

죄와 기도, 둘 다 가질 수 없다

이제 기도가 어떤 식으로 훼방을 받는지 보여주는 통상적인 성경말씀은 인용하지 않을 것이다. 당신 스스로 자신의 마음을 살피기를 바라는 순전한 마음에서이다. 죄 가운데에서 너무나 하찮아 기도를 훼방하지 못하는 것은 없다. 그리고 우리가 죄를 끊어버리지 않으면 가장 작은 죄라도 우리의 기도 자체를 죄로 바꾸어놓을 수 있다.

서아프리카의 모슬렘들에게는 "정결하지 않으면 기도할 수 없다. 기도하지 않으면 하늘의 물을 마실 수 없다"라는 격언이 있다. 성경도 이러한 진리를 명확하게 가르치고 있다. 그러므로 어떤 그리스도인이 죄와 기도, 둘 다를 간직하려고 애쓰는 것을 볼 때, 우리는 심히 경악하지 않을 수 없다. 그런데도 많은 그리스도인이 그런 태도를 버리지 않고 있다. 그 옛날 다윗도 "내가 내 마음에 죄악을 품으면 주께서 듣지 아니하시리라"(시 66:18)라고 토로하지 않았는가? 이사야 선지자도 "오직 너희 죄악이 너희와 너희 하나님 사이를 내었고 너희 죄가 그 얼굴을 가리어서 너희를 듣지 않으시게 함이니"(사 59:2)라고 말하지 않았는가?

기도를 방해하는 것이, 우리 기도를 듣기 싫어하시는 하나님의 거리낌이 아니라 우리 안에 있는 죄라는 사실을 우리 모두가 마땅히 인정해야 할 것이다. 일반적으로 아주 작은 죄가 우리의 기도생활을 망쳐놓는다.

첫째 / 의심

불신이야말로 기도의 가장 큰 장애물이다. 주님은 성령께서 "죄에 대하여 세상을 책망하실 것이다"(요 16:8)라고 말씀하셨다. 우리는 세상에 속하지 않았다. 그러나 실제로 많은 이의 마음에 불신이 있다. 야고보 사도는 성도들(불신자들이 아니라)에게 기록한 편지에서 "오직 믿음으로 구하고 조금도 의심하지 말라 의심하는 자는 … 이런 사람은 무엇이든지 주께 얻기를 생각하지 말라"(약 1:6,7)라고 경고했다. 어떤 사람은 잘못 구하여 얻지 못한다(약 4:3). 그리고 어떤 사람은 의심하기 때문에 얻지 못한다.

혹시 당신은, 신실한 성도들이 하나님께 무엇을 구하기 전에 경배와 감사에 많은 시간을 쏟는 것이 좀 이상하다고 생각해본 적이 있는가? 그들이 그렇게 하는 까닭은, 주님의 영광의 위엄을 볼 때에 그리고 하나님의 사랑과 은혜의 경이로움을 볼 때에 흡사 떠오르는 태양 앞에서 안개가 스르르 사라지듯 불신과 의심이 사라지기 때문이다. 아브라함이 "믿음이 없어 하나님의 약속을 의심치 않고"(롬 4:20), 하나님의 이름에 돌려야 할 영광을 돌림으로써 "약속하신 그것을 또한 능히 이루실 줄을 확신하게 된 것"(롬 4:21)도 그러한 이유 때문이 아니었겠는가? 우리가 하나님의 지극하신 사랑으로 말할 수 없는 은혜를 입었다는 것을 잘 알고 있으면서도 의심하는 것은 너무도 기가 막힌 일이 아닌가?

둘째 / 자아

모든 죄의 뿌리가 자아(自我)이다. 우리는 심지어 선행을 하면서도 제멋대로 하기 일쑤 아닌가? 우리는 자아가 갈망하는 것을 내놓기를 심히 주저한다. 그러나 우리는 꼭 쥔 손으로는 그리스도의 선물을 받을 수 없다는 것을 잘 알고 있다. 우리의 구세주께서 처음으로 기도를 가르치셨을 때, '나'가 아니라 '우리'라는 단어를 사용하신 까닭이 바로 그 때문이었다. 주님이 가르치신 기도는 '우리'로 시작된다.

우리 아버지여 … 우리에게 … 우리 죄를 … 우리를 시험에 들게 하지 마옵시고 _마 6:9-13

교만은 기도를 훼방한다. 기도는 매우 겸손한 것이기 때문이다. 교만은 하나님 보시기에 심히 가증스러운 것이다.

"우리에게 모든 것을 후히 주사 누리게 하시는"(딤전 6:17) 분은 하나님이다. 바울은 "네게 있는 것 중에 받지 아니한 것이 무엇이뇨"(고전 4:7)라고 물었다. 교만과 그것의 가증스럽고 추한 자매인 질투가 지금 우리 기도생활을 파괴하고 있는데도 그냥 내버려두고 있는 게 우리의 현실 아닌가? 아무리 중대한 일이라도 그것이 우리를 우쭐하게 만들면 하나님께서는 결코 그 일을 하실 수 없다. 아! 그런데도 우리는 실로 어리석은 짓을 하지 않는가! 때로 우리가 고집스럽게 구할 때에 우리의 의(義)가 간혹 훼손되지만, 하나님께서는 우리가 구하는 것을 주기도 하신다. 이에 대하여 시편 기자가 "여호와께서 저희의 요구한 것을 주셨을지라도 그 영혼을 파리하게 하셨도다"(시 106:15)라고 한탄하지 않았는가? 오, 하나님! 우리를 그러한 자리에서 구하소서. 자아로부터 구하소서.

또한 자아는 다른 사람을 비난하면서 자신을 내세운다. 이러한 생각을 우리의 기억에서 완전히 불살라버리자. 그리스도를 더욱 닮아갈수록 우리는 남을 판단하지 않을 것이다. 이 진술은 우리 심령의 상태를 가늠하는 절대적으로 확실한 시약(試藥)이다. 입을 열 때마다 다른 사람을 비난하는 사람은 그리스도를 떠나 표류하는 것이다. 그들은 여전히 그리스도의 소유일지 몰라도 그리스도의 사랑의 영을 상실한 사람들이다.

사랑하는 형제자매여! 혹시 그대가 비난하는 심성을 지녔다면 그것을 그대 자신을 해부하는 데 사용해야지, 이웃을 해하는 데 사용하면 안 된다. 그것이 그대 안에서 충분히 활동하도록 기회를 주어라. 그러면 그것이 결코 게으름을 피우며 놀지 않을 것이다. 이 말이 가혹하게 들리는가? 내가 남을 비난하지 말라고 하면서 이런 말을 함으로써 오히려 그대를 비난하는 죄를 범하고 있는 것인가? 내가 어떤 개인에게 상처를 주려고 이런 말을 하는 것이라면 그럴지도 모른다. 그러나 내가 이런 말을 하는 까닭은, 갑옷처럼 보이는 사람들의 굳어진 심령을 꿰뚫기 위함이다. 그리고 누구든지 혀를 제어하여 단 한 달만이라도 다른 사람의 평판을 뜯어내거나 흠집을 내는 행위를 삼가면 험담의 자리로 복귀하고픈 욕구가 생기지 않을 것이다.

　　사랑은 오래 참고 사랑은 온유하며 _고전 13:4

　당신은 오래 참고 온유한가? 다른 사람을 나쁜 색으로 색칠한다고 우리의 색깔이 더 고와지는 것은 아니다. 다른 사람을 비난하는 정보들을 전달하기를 단호히 거부할 때, 다른 사람의 삶이나 사역에 대해 판단하기를 삼갈 때, 우리 자신의 영적 기쁨과 그리스도를 증거하는 삶이 더욱 강건해질 것이다. 물론 처음에는 어려울지 모른다. 그러나 곧 말할 수 없는 기쁨을 얻을 것이요 주변의 모든 사람들에게 사랑을 받는 보상을 얻을 것이다. 하지만 오늘날 이단들 앞에서 침묵을 유지하기란 정말 어렵다. "성도에게 단번에 주신 믿음의 도를 위하여 힘써 싸우라"(유 3절)라는 말씀도 있지 않은가? 때로 우리는 정직하게 비판

해야 한다. 그러나 언제든지 사랑의 정신으로 해야 한다. 사랑을 죽이느니 차라리 오류를 살려두어라!

개인적으로 기도할 때에도 다른 사람의 트집을 잡는 것을 단연코 피해야 한다. 기회가 닿거든, 냉담한 형제를 위해 기도한 존 하이드의 이야기를 읽어보기 바란다. 내 말을 가벼이 듣지 말라. 비난보다 더 빨리 거룩한 삶을 파괴하는 것은 없다. 그것이 너무도 흉측한 죄라서 우리를 너무도 쉽게 희생자로 만들어버리기 때문이다. 어떤 성도가 사랑이신 그리스도의 영으로 충만할 때, 혹시 동료 성도에게서 그리스도인답지 못한 행위를 발견한다고 해도 뒤에서 쑥덕이거나 비난하지 않으리라는 것은 부언할 필요가 없을 것이다.

"그가 나를 모욕했어!"

"그는 너무 자만심이 강해!"

"그 사람을 더 이상 참아줄 수 없어!"

이와 같은 발언은 불친절하고 불필요할 뿐 아니라 종종 사실과 합치하지 않는다.

사랑하는 주님은 죄인들의 미움을 받으셨지만(히 12:3) 결코 불평하지도, 그런 얘기를 사방팔방 퍼뜨리지도 않으셨다. 그런데 어찌 우리가 그래야 하는가? 그리스도께서 궁극적으로 우리를 다스리실 때, 자아는 필경 옥좌에서 내쳐질 수밖에 없다. 우리 심령에 우상이 있어서는 안 된다. 하나님께서 어떤 종교 지도자들에게 하신 말씀을 기억하는가?

> 이 사람들이 자기 우상을 마음에 들이며 … 그들이 내게 묻기를
> 내가 조금인들 용납하랴 _겔 14:3

우리의 목적이 오직 하나님을 영화롭게 하는 것일 때, 바로 그때 하나님께서 우리 기도에 응답하실 수 있다. 그리스도의 선물보다 그리스도 그분을 갈망해야 한다.

> 여호와를 기뻐하라 저가 네 마음의 소원을 이루어주시리로다 _시 37:4

> 사랑하는 자들아 만일 우리 마음이 우리를 책망할 것이 없으면
> 하나님 앞에서 담대함을 얻고 무엇이든지 구하는 바를 그에게 받
> 나니 이는 우리가 그의 계명들을 지키고 그 앞에서 기뻐하시는
> 것을 행함이라 _요일 3:21,22

그리스도인이 구하고도 받지 못하는 까닭이 정욕으로(자아를 위해) 쓰려고 잘못 구했기 때문이라는 말씀(약 4:3)은 기독교 초기 시대에나 오늘에나 마찬가지이다.

셋째 / 미워하는 마음

남을 미워하는 마음도 기도의 가장 큰 장애물이다. 믿음의 기도의 조건은 사랑하는 마음이다. 사람에게 그릇되게 하면서 하나님께 올바

로 할 수 없다. 기도의 정신은 본질적으로 사랑의 정신이다. 중보기도는 단지 기도로 표현된 사랑이다.

"크거나 작거나 모든 것을 가장 잘 사랑하는 사람이 기도를 가장 잘 할 수 있다. 우리를 사랑하시는 크신 하나님께서 모든 것을 만드셨고 또 사랑하시기 때문이다."

하나님께서 사랑하시는 사람들을 어찌 감히 우리가 미워하거나 싫어할 수 있단 말인가? 만일 그렇다면, 우리가 정말 그리스도의 영을 소유했다고 말할 수 있을까? 우리의 기도가 단순한 외형 이상의 어떤 것이 되기를 바란다면 이 초보적인 사실을 믿음의 눈으로 바라보아야 한다. 주님은 이렇게 말씀하셨다.

> 나는 너희에게 이르노니 너희 원수를 사랑하며 너희를 핍박하는
> 자를 위하여 기도하라 이같이 한즉 하늘에 계신 너희 아버지의 아
> 들이 되리니 이는 하나님이 그 해를 악인과 선인에게 비취게 하시
> 며 비를 의로운 자와 불의한 자에게 내리우심이니라 _마 5:44,45

소위 그리스도인이라고 자부하는 이들 가운데 이런 질문을 진지하게 생각해본 적이 한 번도 없는 이들이 상당수에 달할 것이다. 그러므로 우리는 기독교 사역자들(심지어 유명인사들조차도)이 자신들과 견해가 다른 사람들을 비난하는 것을 들을 때, 그들이 우리 주님의 명령을 결코 들어본 적이 없는 사람들일 것이라고 생각할 수 있다.

우리의 일상의 삶이야말로 우리가 기도의 능력을 갖고 있는지 알려주는 최고의 지표이다. 하나님께서는 내가 대표기도나 개인기도를 드릴 때에 전시하는 분위기나 어조가 아니라 일상생활에서 보이는 태도에 따라 나의 기도를 판단하신다.

걸핏하면 형제자매에게 화를 내면서 참된 기도를 기대하는 것은 어불성설이다. 우리가 주님의 명령에 순종하지 않고 서로 사랑하지 않으면 우리의 기도는 쓸모가 없어진다. 용서하지 않는 마음을 품고 있으면 기도는 시간낭비일 뿐이다. 그런데 최근에 어떤 유명한 목회자가 "세상에는 우리가 결코 용서할 수 없는 사람들이 있다"라고 말했다는 기사를 읽은 적이 있다. 만일 그렇다면, 그가 주기도문의 한마디를 임의로 생략하여 사용하고 있다고 생각해도 좋을 것이다. 왜냐하면 주께서 "우리가 우리에게 죄 지은 자를 사하여준 것같이 우리 죄를 사하여주옵시고"(마 6:12)라고 기도하라고 가르치셨기 때문이다. 더욱이 주님은 한 걸음 더 나아가 "너희가 사람의 과실을 용서하지 아니하면 너희 아버지께서도 너희 과실을 용서하지 아니하시리라"(마 6:15)라고 말씀하셨다.

우리에게 절실히 필요한 용서의 마음을 상실하지 않기만을, 그리스도의 영을 올바로 나타낼 수 있기만을 빈다. 우리 가운데도 원수나 상처를 준 친구들을 용서할 의향이 눈곱만큼도 없으면서 입으로만 주기도문을 되뇌는 이들이 있지 않은가?

오늘날 많은 그리스도인이 기도를 태만히 하고 있다. 의식적인 태만 때문이 아니라 생각의 부족 때문이다. 이에 대한 책임은 말씀을 전하고 가르치는 우리에게 있다고 해야 할 것이다. 우리는 실천보다 교리를 가르치기가 쉽다. 대부분의 그리스도인이 옳은 일을 하기를 소망하지만 사랑이 결여된 삶에서 빚어지는 작은 잘못들을 주목하기보다 크고 거창한 것들을 눈여겨본다.

주님은 "네 형제에게 원망 들을 만한 일이 있는 줄 생각나거든"(마 5:23) 예물을 두고 가서 화해하라고 말씀하셨다. 하나님께서 형제와 화해하지 않은 자의 예물을 받지 않으신다면 기도인들 응답하실까? 하나님께서 욥을 곤경에서 돌이켜 이전의 소유보다 갑절을 주신 것은 바로 욥이 그 원수들(세 친구들)과 논쟁하기를 중단했을 때였다(욥 42:10).

우리의 일상생활이 기도를 훼방한다는 것을 왜 인정하려 하지 않는가? 이 사실을 깨닫는 것이 왜 그리 더딘가? 어찌하여 사랑의 말씀을 따라 살기를 몹시도 꺼리는가? 우리는 사람들을 그리스도께 인도하기를 소망한다. 주님은 한 가지 방법을 알려주셨다. 그들의 잘못을 퍼뜨리지 말라는 것이다. 단둘이 있을 때에 그 사람의 잘못을 지적하라. 그러면 그 형제를 얻을 것이다(마 18:15). 그러나 우리 대부분은 형제자매의 마음을 아프게 하고 있다.

가정생활조차도 기도하는 것을 막을 수 있다. 우리의 "기도가 막히지 않도록"(벧전 3:7) 가정생활을 해야 한다고 권고한 사도 베드로의 말을 주목하라. 당신 마음을 다시 한 번 감찰하셔서 혹시 다른 사람을 향한 "쓴 뿌리"(히 12:15)가 돋지 않았는지 깨닫게 해달라고 주께 구하라.

우리 모두는 하나님의 마음에 드는 일을 하기를 소망한다. 다투었거나 불화했던 사람과 있는 힘을 다하여 화해를 하고 난 뒤에 비로소 기도를 시작하겠다고 결단한다면 우리의 영적 삶에 엄청난 소득이 찾아올 것이다. 있는 힘을 다하여 이렇게 하지 않는 한, 우리의 기도는 그저 쇠약한 호흡으로 그칠 것이다. 다른 사람들에게 고약한 감정을 품으면, 그것이 하나님께서 하나님이 원하시는 방법대로 우리를 돕지 못하도록 훼방할 것이다.

사랑의 삶은 믿음의 기도를 드리기 위한 필수적인 조건이다. 하나님은 그분의 차고 넘치는 복을 받기에 합당한 사람이 되어야 한다고 오늘 우리에게 도전하신다. 우리는 용서하지 못하는 비통한 마음을 택할 것인지, 아니면 우리 주 예수 그리스도의 온유한 자비와 사랑의 호의를 택할 것인지 결정해야 한다. 이처럼 한쪽을 선택해야 함에도 불구하고 우리가 어느 쪽으로도 가지 않고 가운데에서 주춤거리고 있다니 실로 어처구니없는 일이다. 비통함은 비통해하는 본인을 가장 많이 아프게 한다.

> 서서 기도할 때에 아무에게나 혐의가 있거든 용서하라 그리하여야
> 하늘에 계신 너희 아버지도 너희 허물을 사하여주시리라 _막 11:25

우리의 복되신 주께서 하신 말씀이다. 기도할 때에 어떤 사람과 등진 일이 있으면 용서하든지 기도를 중단하든지, 둘 중에 하나를 선택

해야 한다는 말씀이 아닌가? 참된 기도를 막는 용서하지 않는 마음이 우리 안에 있다는 것을 우리 자신이 잘 알면서도 모든 시간을 쏟아 기도하는 척한다면 그게 무슨 유익을 줄까? 우리가 이 진리를 직시하지 못할 때, 사탄이 얼마나 신이 나서 조롱할까?

우리는 이 진리를 가르치는 하나님의 말씀을 알고 있다. 그것은 바로, 우리 마음이 사랑으로 가득하지 않으면 웅변이나 지식이나 베풂이나 믿음이나 심지어 순교조차도 아무 유익을 주지 못한다는 것이다 (고전 13:1-3). 이 말씀을 굳게 붙잡아라!

넷째 / 우리의 본분을 수행하지 않는 것

이것 또한 기도의 응답을 방해할 수 있다. 사랑은 세상의 모든 죄와 고통을 바라볼 때에 측은히 여기는 마음과 봉사의 마음을 불러일으킨다. 바울이 우상으로 가득한 도시를 보았을 때에 "마음에 분한 것"(행 17:16) 역시도 사랑 때문이었다. 하나님나라의 도래를 촉진하기 위해 재능과 기도와 봉사로 가능한 모든 노력을 경주하지 않는 한, 우리는 "나라이 임하옵시며"(마 6:10)라고 결코 신실하게 기도할 수 없다.

하나님을 모르는 죄인들에게 말씀을 전하거나 편지를 쓰거나 그들을 복음의 영향력 아래로 인도하기 위해 나름의 시도를 하지 않는 한, 우리는 그들의 회개를 위해 결단코 진실하게 기도할 수 없다. 한번은 복음전도자 무디가 대규모 전도사역을 시작하기 전에 하나님의 복을 간절히 구하는 어떤 기도회에 참석한 적이 있었다. 거기엔 부유한 사람도 몇 명 있었다. 그런데 어떤 사람이 모든 비용을 충당하고도 남을 충분한 헌금을 보내달라고 하나님께 구하기 시작했다. 그러자 무디가 즉시 그 사람의 기도를 막으며 조용히 말했다.

"이런 문제를 하나님께 부탁할 필요가 없습니다. 우리가 그 기도에 응답할 수 있기 때문입니다."

다섯째 / 은밀하게만 기도하는 것

오직 은밀하게만 기도하는 것이 기도의 장애가 될 수 있다. 자녀들이 제 아버지를 오로지 은밀하게만 만나야 하는 것은 아니다. 주께서 성도들이 하나가 되어 드리는 기도에 대해 종종 언급하셨다는 것은 주목할 일이다. 주님은 합심하는 기도를 요구하신다.

너희는 기도할 때에 이렇게 하라 아버지여 … _눅 11:2

진실로 다시 너희에게 이르노니 너희 중에 두 사람이 땅에서 합
심하여 무엇이든지 구하면 하늘에 계신 내 아버지께서 저희를 위
하여 이루게 하시리라 두세 사람이 내 이름으로 모인 곳에는 나
도 그들 중에 있느니라 _마 18:19,20

우리는, 오늘의 많은 교회가 영적으로 쇠약해진 원인을 무능력한 기도회나 혹은 기도회의 부재에서 찾을 수 있다고 느낀다. 아침과 저

녁의 의례적인 기도모임은 제 아무리 숙연해 보이고 또 그런 모임들이 종종 연상시키는 '꼴사납게 재빨리 해치우는 현상'이 없다 하더라도, 모든 사람이 참여할 수 있는 형식에 매이지 않는 기도모임의 자리를 대신할 수 없다. 우리는 주간기도회를 살아 있는 능력의 모임으로 만들 수 없는가?

여섯째 / 찬양하지 않는 것

기도만큼이나 중요한 것이 찬양이다. 우리는 "감사함으로 그 문에 들어가며 찬송함으로 그 궁정에 들어가서 그에게 감사하며 그 이름을 송축해야 한다"(시 100:4). '기도의 사람 하이드'는 생애의 한 시점에, 하루에 네 명의 영혼을 양의 우리 안으로 인도하게 해달라고 기도하라는 이끌림을 받았다. 네 명의 영혼을 얻지 못하는 날이 있으면 그것이 심령에 무거운 부담이 되어 그는 몹시 아파했고, 먹지도 잠을 이루지도 못했다. 그는 그럴 때마다 자기 안에 어떤 장애물이 숨어 있는지 깨우쳐달라고 하나님께 간절히 매달렸다. 그리고 언제나 찬양의 부족이 그 원인이라는 것을 발견했다. 그때마다 그는 죄를 자복하고 찬양을 통하여 기도하곤 했다. 그가 하나님을 찬양하였을 때에 기도로 구하던 영혼들이 주께 돌아오곤 했다. 하이드처럼 하나님을 특정된 숫자나 사역 방식에 한정하자는 게 아니라 찬양을 쉬지 말자는 말이다. 우리는 "기뻐하라! 마음과 뜻과 힘을 다하여 하나님을 찬양하라!"라고 외쳐야 한다.

우리가 종종 "주 안에서 항상 기뻐하라"(빌 4:4)라는 명령을 받는 것은 결코 우연한 것이 아니다. 하나님께서는 그 자녀가 불행한 것을 원하지 않으신다. 그리고 하나님의 자녀는 누구나 불행해야 할 이유가 없다. 극심한 박해를 받았던 사도 바울은 찬양의 사람이었다. 감옥에 있을 때에나 감옥에서 나왔을 때에나 그의 입에서는 언제나 찬양이 흘러나왔다. 그는 밤낮으로 그의 구세주를 찬양하였다. 그가 다음과 같은 순서로 권면하였다는 것은 매우 중대한 의미를 갖고 있다.

> 항상 기뻐하라 쉬지 말고 기도하라 범사에 감사하라 이는 그리스도 예수 안에서 '너희를 향하신 하나님의 뜻'이니라 _살전 5:16-18

"너희를 향하신 하나님의 뜻!" 이 말을 명심하기 바란다. 하나님의 뜻은 우리 마음대로 선택할 수 있는 게 아니다.

기뻐하라! 기도하라! 감사하라!

이것이 순서이다. 이것이 당신과 나를 향한 하나님의 뜻이다. 우리의 찬양보다 하나님을 더 기쁘시게 하는 것은 없다. 기도하는 그리스도인의 찬양보다 기도의 당사자를 더 크게 축복하는 것은 없다.

> 여호와를 기뻐하라 저가 네 마음의 소원을 이루어주시리로다 _시 37:4

어떤 선교사가 고향에서 날아온 비보를 접하고 낙심하였다. 기도를 해도 영혼이 암흑 속에 잠겼다. 그는 위로를 받으러 동료 선교사를 찾아갔다. 그 선교사의 집 벽에는 다음과 같은 표어가 걸려 있었다.

"감사하기 위해 노력하라!"

그래서 그는 그렇게 하였다. 그러자 모든 어두운 그림자가 일시에 사라져 다시는 찾아오지 않았다.

우리는 기도 응답을 받을 만큼 충분히 찬양하고 있는가? 진실로 하나님을 신뢰하는 사람은 언제나 찬양하지 않을 수 없을 것이다.

"하나님은 아무것도 행하지 않으시며 아무것도 방관하지 않으신다. 그러나 그대가 본분을 다하면 하나님께서 그대를 위해서 하신 모든 일의 결과를 보게 되리라!"

한번은 어떤 사람이 루터가 기도하는 것을 우연히 듣고는 이렇게 기도했다.

"은혜로우신 하나님, 그의 기도에 어떤 마음과 어떤 믿음이 들어 있는 것입니까? 그가 마치 하나님 앞에 있는 것처럼 엄숙한 경외심으로 기도하고 있지만 한편으로는 아버지나 친구에게 말하는 것처럼 굳은 소망과 확신으로 기도하고 있지 않습니까?"

루터는 기도에 장애물이 존재한다는 것을 의식도 하지 않은 것 같다. 여하한 장애물도 그에게는 아무런 문제가 되지 못하였다.

이번 장에서 할 이야기들을 모두 마친 지금, 모든 것을 한 문장으로 요약할 수 있을 것 같다. 그것은 바로, 모든 기도의 장애가 말씀에 대한 무지와 우리 자신을 온전히 성별(聖別)하여 하나님께 드리기를 꺼리는 마음에서 비롯된다는 것이다.

　우리가 진정으로 아버지께 "제 모든 존재와 소유가 아버지의 것입니다"라고 아뢸 때, 아버지께서도 "내 모든 것이 네 것이다"라고 말씀하실 것이다.

1. 의심이 기도를 방해한다.

의심은 기도의 가장 큰 장애물이다. 야고보 사도는 "오직 믿음으로 구하고 조금도 의심하지 말라 의심하는 자는 … 무엇이든지 주께 얻기를 생각하지 말라"(약 1:6-8)라고 경고하였다.

2. 자아(自我)가 기도를 방해한다.

모든 죄의 뿌리가 자아(自我)이다. 우리 자신을 움켜쥐고서는 그리스도의 선물을 받을 수 없다. 특히 자기를 내세우는 교만은 기도를 훼방한다. 기도는 매우 겸손한 것이기 때문이다. 교만은 하나님 보시기에 심히 가증스러운 것이다.

3. 미워하는 마음이 기도를 방해한다.

미움은 기도를 방해한다. 믿음의 기도의 조건은 사랑하는 마음이다. 사람에게 그릇되게 하면서 하나님께 올바로 할 수 없다. 기도의 정신은 본질적으로 사랑의 정신이다. 중보기도는 기도로 표현된 사랑이다.

4. 우리의 본분을 간과하는 것이 기도를 방해한다.

하나님나라의 도래를 촉진하기 위해 재능과 기도와 봉사로 가능한 모든 노력을 경주하지 않으면서 "나라이 임하옵시며"(마 6:10)라고 기도하는 것은 신실한 자세가 아니다.

5. 은밀한 기도를 고집하는 것이 기도를 방해한다.

오직 은밀하게만 기도하는 것이 기도의 장애가 될 수도 있다. 가정의 자녀들이 제 아버지를 은밀하게만 만나야 하는 것은 아니다. 주님은 우리에게 여러 사람이 합심하여 기도할 것을 요구하셨다(마 18:19,20).

여호와를 기뻐하라 저가 네 마음의 소원을 이루어주시리로다 시 37:4

chapter 12 우리에게는 만왕의 왕을 알현하는 특권이 있다

만왕의 왕이 계시다. 그분은 우리 모두의 하나님이시며 또한 아버지시다.
누가 그분께 나아갈 수 있을까?
오직 그분의 자녀들만이 언제든지 만왕의 왕을 알현하는 특권을 누린다.

모든 사람에게 기도할 권리가 있는 것일까?

지금부터 2백 년 전, 여섯 명의 학생들이 옥스퍼드 대학에서 퇴학을 당하는 사건이 일어났다. 사유는 단 하나, 서로의 방에서 즉흥적인 기도모임을 가졌다는 것이다. 이에 대하여 조지 휫필드는 옥스퍼드의 부총장에게 서한을 보내 "즉흥적인 기도를 한다는 이유로 몇몇 학생이 퇴학을 당했다면, 그들과 정반대의 성품을 지닌 몇몇 학생들 역시도 즉흥적인 욕설을 한다는 이유로 퇴학을 당했다는 소식이 들려야 합당할 것입니다"라고 항의했다. 오늘날 우리나라에 그리스도인의 기도를 막는 무리가 없다는 데 대해 하나님께 감사를 드리자! 누구나 기도할 수 있다. 그러나 모든 사람에게 기도할 권리가 있는 것일까?

하나님은 모든 사람의 기도를 경청하시는 것일까?

누가 기도할 수 있는가? 기도는 모든 사람이 소유한 특권인가? 권리인가? 모든 사람이 왕에게 접근할 권리를 주장할 수 있는 것은 아니다. 그러나 왕을 직접 알현하는 특권을 지닌 개인이나 집단이 전혀 없는 것도 아니다. 영국의 수상은 그런 특권을 갖고 있으며, 옛날의 런던시의회는 언제든지 왕에게 나아가 탄원할 수 있는 특권을 갖고 있었다. 외국의 대사도 그러한 특권을 지니고 있다. 외국의 대사는 왕궁의 문 앞에 출두하기만 하면 된다. 어떤 세력도 그와 국왕 사이에 개입할 수 없다. 그는 즉시 왕을 알현하여 요구사항을 제시할 수 있다. 그러나 이 모든 이들보다 더 쉽게, 왕의 따스한 반김을 받으며 왕에게 나아갈 수 있는 이들이 있으니, 그들은 바로 왕자와 공주, 곧 왕의 자녀들이다.

만왕의 왕이 계시다. 그분은 우리 모두의 하나님이시며 또한 아버지시다. 누가 그분께 나아갈 수 있을까? 누가 이런 특권, 이런 권세를 누릴 수 있을까? 우리는 가장 회의적인 인간이나 세대들 내면에도 언제나 기도가 대기 상태로 숨어 있다는 말을 종종 듣는다. 진리를 담고 있는 말이라 아니할 수 없다. 그렇다면 그들의 기도는 언제든지 스스로를 표출할 권리를 갖고 있는가?

어떤 종교를 믿는 사람들은 기도하려면 기다려야 한다. 힌두교의 굴레에서 살고 있는 수많은 인도 국민 사이에서는, 브라만 계급이 아니면 그 누구도 기도할 수 없다. 제아무리 재산이 많은 상인이라 하더라도 다른 계급에 속해 있는 한, 기도를 하려면 브라만 계급의 사람(심지어 초등학생이라 하더라도)에게 기도를 부탁해야만 한다.

모슬렘은 아라비아어 몇 구절을 배우지 않으면 기도할 수 없다. 그들이 신성하다고 믿는 언어로 기도해야만 그들의 신(神)이 기도를 들어준다고 생각하기 때문이다. 하나님을 찬양하라! 우리와 하나님 사이에 그러한 계급의 제한이나 언어의 제한이 없지 않은가? 그렇다면, 누구든지 기도할 수 있는가?

오직 하나님의 자녀만이

그렇다. 당신은 누구든지 하나님께 기도할 수 있다고 대답할 것이다. 하지만 성경은 그렇게 말하지 않는다. 오직 하나님의 자녀만이 진실로 하나님께 기도할 수 있다고 가르친다. 오직 자녀들만이 아버지가 계신 곳에 들어갈 수 있다. 누구든지 하나님께 도움(이를테면 용서와 자비)을 청할 수 있다는 것은 영광스러운 진리다. 그러나 그런 도움의 외침은 기도가 아닐 게다. 기도는 그 이상의 어떤 것이다. 기도는 "지존자의 은밀한 곳에" 들어가는 것이요 "전능하신 자의 그늘 아래 거하는 것"(시 91:1)이다. 기도는 하나님께 우리의 소원과 필요를 아뢰는 것이요, 하나님이 주시는 선물을 받기 위해 믿음의 손을 쭉 뻗는 것이다. 기도는 우리 안에 내주하시는 성령이 맺으시는 결실이요 하나님과의 교제이다. 하지만 왕과 반역자 사이에는 교제가 있을 수 없다.

빛과 어두움이 어찌 사귀며 _고후 6:14

우리 자신에게는 기도할 권리가 없다. 오직 주 예수 그리스도를 통해서만 하나님께 나아갈 수 있을 뿐이다(엡 2:18; 3:12).

기도는 물에 빠진 사람, 곧 죄의 소용돌이에 휘말려 가라앉고 있는 사람의 외침 그 이상이다.

"주여, 구원하소서. 제가 죽게 되었나이다. 끝장났나이다. 건지소서. 구원하소서!"

누구나 이렇게 외칠 수 있다. 그리고 하나님은 이러한 간청에 응답하신다. 더욱이 그 간청이 진실하면 응답이 결코 지연되지 않는다. 그러나 그러한 외침은 성경이 말하는 의미의 기도가 아니다. 먹잇감을 추적하며 포효하는 사자조차도 하나님께 먹이를 구한다. 그러나 우리는 그런 으르렁거림을 기도라 하지 않는다.

우리는 주께서 "구하는 이마다 얻을 것이요"(마 7:8)라고 말씀하셨다는 것을 알고 있다. 주님은 분명 그렇게 말씀하셨다. 그러나 누구에게 말씀하신 것일까? 주님은 제자들에게 말씀하셨다(마 5:1,2). 그렇다. 기도는 하나님과의 교제이다. 기도는 혹자가 묘사한 대로 '영혼의 가정 생활'이다. 성령께서 우리 심령 안에 거주하시지 않는다면, 우리가 아들(예수님)을 영접하지 않았다면, 그래서 "하나님의 자녀"로 불려지는 권리를 소유하지 못했다면(요 1:12), 과연 하나님과 교제할 수 있을까?

기도는 하나님의 자녀들의 특권이다. 오직 하나님의 자녀들만이 하늘에 계신 아버지로부터 자격을 받는다. 그러면 성령님이 예수님을 사랑하는 자들을 위해 준비하신 것들을 달라고 하나님께 주장할 수 있다. 주님은 우리가 기도를 통해 하나님을 '우리 아버지'라고 불러야 한다고 말씀하셨다. 자녀들만이 '우리 아버지'라는 말을 사용할 수 있는 게 아닐까? 이에 대하여 바울은 "너희가 아들인고로 하나님이 그 아들의 영을 우리 마음 가운데 보내사 아바 아버지라 부르게 하셨느니라"(갈 4:6)라고 했다.

하나님께서 욥을 위로하는 자들(욥의 세 친구들)을 대하시며 "내 종 욥이 너희를 위하여 기도할 것인즉 내가 그를 기쁘게 받으리니"(욥 42:8)라고 말씀하신 까닭이 '자녀들만이 기도할 수 있기' 때문이 아닐까? 이 구절은, 하나님께서 기도의 문제와 관련하여 욥의 세 친구를 기쁘게 받지 않으리라는 의미를 함축한다.

우리는 하나님의 자녀가 되자마자 기도학교에 입학한다. 주님은 일평생 기도한 적이 없던 어떤 죄인이 회개하자마자 그 사람에 대해 "저가 기도하는 중이다!"라고 분명히 말씀하셨다(행 9:11). 회개한 사람은 자신과 다른 사람들을 위해 기도할 수 있을 뿐 아니라 반드시 기도해야 한다. 그러나 우리가 하나님을 '아버지'라고 참되게 부르지 못하면(참되게 부를 수 있을 때까지는), 자녀로서("하나님의 후사요 그리스도와 함께한 후사"로서, 롬 8:17) 대접받을 권리를 주장할 수 없다. 너무 매정하다고 생각되는가? 아니다. 이건 매우 자연스러운 것이다. 자녀가 가족구성원이 아닌 사람보다 더 많은 특권을 소유하는 게 너무도 당연한 것 아닌가?

누구든지 하나님의 자녀가 될 수 있다

그러나 오해는 말라. 하나님께서 어떤 사람들을 천국 밖으로 쫓아 낸다는 뜻이 결코 아니다. 누구든지 "하나님이여, 이 죄인을 불쌍히 여기소서!"라고 울부짖을 수 있다. 그리스도의 양떼 밖에 있는 사람 누구라도, 하나님의 가족이 아닌 사람 누구라도, 선하든지 악하든지 관계없이 지금 이 순간 하나님의 자녀가 될 수 있다. 심지어 지금 이 책을 읽고 있는 당신이 아직 하나님의 자녀가 되지 않았다 하더라도, 당신이 스스로를 선하다고 여기든 악하다고 여기든 관계없이 지금 이 순간에 하나님의 자녀가 될 수 있다. 믿음으로 그리스도를 바라보기 만 하면 된다.

보면 살리라 _민 21:8,9

하나님께서는 '잘 살펴보라'라고 말씀하시지 않았다. 그냥 '보라' 라고만 말씀하셨다. 당신의 얼굴을 하나님께 돌려라!

갈라디아 교인들이 어떻게 그리스도인이 되었는가? 그리스도 안에 있는 믿음으로 되지 않았는가?

너희가 다 믿음으로 말미암아 그리스도 예수 안에서 하나님의 아 들이 되었으니 _갈 3:26

그리스도께서는 누구든지 참된 회개와 믿음으로 그리스도께 돌아오는 순간, 양자(養子)로 삼으시고 은혜를 베푸시어 하나님의 자녀로 만들어주신다. 우리가 하나님의 자녀가 아니라면 하나님의 섭리에 관한 것들이라도 정당하게 주장할 수 없다. 우리가 "여호와는 나의 목자시니"라고 확신에 넘쳐 말하지 못하는 한, "내게 부족함이 없으리로다"라고 자신 있게 말할 수 없다.

자녀는 제 아비의 돌봄과 사랑과 보호와 공급을 받을 권리를 소유한다. 아기는 어떤 가족의 구성원으로 태어남으로써 그 가정의 자녀가 된다. 우리는 "거듭남으로써", "성령으로 남으로써"(요 3:3,5), 다시 말해서 주 예수 그리스도를 "믿음으로써" 하나님의 자녀가 된다(요 3:16).

하나님께서 자녀가 아닌 자들의 기도를 들으시는 때도 있다

기도해도 응답받지 못했다고 볼멘소리를 하는 사람들에게 바른 길을 가르치고 또 그 이유를 설명하기 위해 다소 번거로운 논의를 마쳤다. 그리고 이제는 하나님께서 기도할 만한 법적 권리가 없는 자들, 즉 아직 하나님의 자녀가 되지 않았거나 심지어 하나님의 존재를 부정하는 자들의 기도를 때로는 들으시고 응답하신다(오직 하나님의 주권적인 섭리로)는 사실을 서둘러 부연하고 싶다. 복음서들은, 믿지 않는 사람들 상당수가 질병의 치유를 갈구하며 그리스도를 찾아왔지만 그리스도께서 그들의 갈구만을 들어준 채 한 사람이라도 그냥 보낸 적이 없다고 분명히 말한다. 그들은 구걸하는 자로 왔지, 자녀로 오지 않았다.

주님은 "자녀로 먼저 배불리 먹게 하겠다!"라고 말씀하셨지만 그들에게 빵 부스러기를 주었을 뿐 아니라 그 이상의 것들까지도 풍족히 주셨다(막 7:27-30).

지금도 하나님께서는 일시적인 자비를 구하는, 믿지 않는 자들의 외침을 때때로 들으신다. 내가 잘 아는 한 가지 사례를 들어보겠다. 하루는 내 친구가 자신이 오랫동안 무신론자로 살아왔다고 고백했다. 그는 신앙을 갖지 않고 있었지만 단지 음악이 좋아서 무려 40년이나 교회 성가대에서 노래를 불렀다. 그런데 그 친구의 부친이 몇 해 전에 중병이 들어 병상에 눕게 되었다. 의사들은 손을 쓸 수조차 없었다. 무신론자였던 내 친구는 제 아버지가 병상에서 고통당하는 것을 보는 게 너무 괴로워 무릎을 꿇고 울부짖었다.

"오, 하나님! 하나님이 정말로 계시다면 제 아버지의 고통을 씻어주셔서 능력을 입증하소서!"

이에 하나님께서 그 친구의 애처로운 울부짖음을 들으시고 즉시 응답하셨다. 그리고 친구는 하나님을 찬양한 뒤에 서둘러 목회자를 찾아가 구원의 길을 안내받았다. 그는 지금 그리스도의 충성스러운 일꾼이 되어 모든 시간을 쏟아 구세주를 위해 일하고 있다. 그렇다. 하나님은 그분의 약속보다 훨씬 더 크시다. 하나님께서는 우리가 기도하기를 즐거워하는 것보다 훨씬 더 많이 응답하기를 즐거워하신다.

불신자의 입에서 나온 기도 가운데 가장 놀라운 기도는 아마도 《우리의 귀감이신 그리스도》란 책의 저자 캐롤라인 프라이의 기도일 것이다. 그녀는 미모와 부(富)와 지위와 많은 친구들을 가졌지만 그 모든 것이 참된 만족을 주지 못한다는 것을 깨달았다. 그리고 마침내 비참한 심정으로 하나님을 찾았다. 그러나 그녀가 하나님께 처음 한 말은 노골적인 반항과 증오의 표현으로 가득했다. 그녀가 하나님께 했던 말을 들어보자. 그것은 하나님의 자녀가 드리는 기도가 아니었다.

"하나님! 만일 당신이 하나님이라면 사랑하지 않겠습니다. 당신을 원하지 않겠습니다. 당신 안에 행복이 있다고 믿지 않겠습니다. 하지만 지금 저는 무척이나 비참한 기분입니다. 제가 구하지 않는 것을 주소서. 원하지 않는 것을 주소서. 만약 할 수 있다면 저를 행복하게 해 주소서. 저는 지금 무척이나 비참한 기분입니다. 세상에 신물이 날 지경입니다. 더 좋은 게 있다면 주소서."

이것이 기도인가, 아닌가? 그러나 하나님은 들으시고 응답하셨다. 하나님은 방황하는 그녀를 용서하셨고, 찬란하리만큼 행복하게 하셨고, 하나님을 섬기며 영광스러운 열매를 맺게 하셨다.

"야만인의 가슴에도 선한 것을 향한 열망이 있어 암흑 속에서 연약한 손을 맹목적으로 더듬어 하나님의 오른손을 만져 기운을 얻고 강해지네."

이제 우리의 질문을 약간 바꾸어 "누구에게 기도할 권리가 있는 가?"라고 물어보자. 물론 성령이 내주하시는 하나님의 자녀들만이 기도할 수 있다. 그렇다고 해도, 우리가 하나님의 자녀로서 마땅히 살아야 할 대로 살지 못하면, 하늘 아버지께 떳떳하게 나아갈 수 없다는 사실을 반드시 기억해야 한다. 우리는 하늘 아버지께서 그릇된 길을 가는 자녀에게 은혜를 부어주실 것이라 기대할 수 없다. 오직 신실하고 거룩한 자녀들만이 영으로 기도하고 또 마음으로 기도할 수 있을 것이다(고전 14:15).

우리가 하나님의 자녀라고 해도, 죄가 우리 기도를 막을 수 있다. 하나님의 자녀인 우리는 언제 어디서나 아버지께 나아갈 권리를 갖고 있다. 그리고 우리가 어떤 형태로 기도를 드리든지 하나님께서는 다 이해하신다. 우리는 바울처럼 감사와 찬미와 간구의 격류 속에 거침없이 말을 쏟아 붓는 놀라운 언변의 은사를 받을 수도 있으며, 사도 요한처럼 조용하고 심오하게 사랑의 교제를 나눌 수도 있다. 은혜의 보좌 앞에서는 존 웨슬리 같은 빼어난 학자나 윌리엄 캐리(William Carey, 19세기 영국 출신의 인도 선교사) 같은 비천한 구두수선공이나 똑같이 환대를 받는다. 하늘 왕실의 영향력은 신분이나 업적에 달려 있지 않고 하나님의 아들에 대한 겸손과 전폭적인 신뢰에 달려 있다.

무디는 영국에서 거둔 놀라운 전도의 성과가 세상에 알려지지 않은 무명의 병약한 한 여인의 기도 덕분이라고 말했다. 그리고 실제로 영국의 병약한 성도들이 기도를 통하여 급속한 부흥을 일으켰다. 바깥출입을 못하는 환자들이 침상에 누운 채로 입을 열어 기도하였던 것이다.

특별한 사람들만이 기도의 은사를 받을 수 있다고 섣불리 단정 짓지 말자. 한번은 케임브리지의 총명한 학생 하나가, 기도생활이라는 것이 소수의 사람만이 소유할 수 있는 은사가 아니냐고 내게 물은 적이 있었다. 모든 사람에게 음악적 재능을 기대하는 게 무리이듯이 모든 사람에게 기도하기를 기대하는 것 역시 무리가 아니냐는 것이었다.

그러나 조지 뮬러가 비범한 기도의 사람이 되었던 것은, 기도의 은사를 받았기 때문이 아니라 단지 기도하였기 때문이다. 말을 잘하지 못하는 사람이라도, 아론이 모세를 대신해 말했던 것처럼(출 4:14-17) 사람들의 도움을 받아 은밀한 가운데 노력하면 하나님 말씀을 잘 전할 수 있다. 은혜로우신 하나님은 때로 당신의 믿음을 넘어선 것을 주실지도 모른다. 그럴 때, 당신은 기도를 통해 하나님의 큰 능력을 받기를 원한다면 큰 믿음을 가져야 한다.

헨리 마틴(Henry Martin, 1781~1812. 영국 출신의 인도 선교사)은 기도의 사람이었으나 자신의 기도에 상응하는 믿음을 가지지 못하였다. 한번은 그가 "브라만 계급 사람이 회개하고 그리스도께 돌아오기를 기대하느니 차라리 죽은 사람이 살아나기를 기대하겠다"라고 말했다. 야고보 사도가 그 말을 들었다면 "이런 사람은 무엇이든지 주께 얻기를 생각하지 말라"(약 1:7)라고 하지 않았을까? 헨리 마틴은 브라만 계급 사람이 한 명이라도 그리스도를 구세주로 영접하는 것을 보지 못하고 세상을 떠났다. 사실 그는 버려진 탑을 찾아가 날마다 은밀히 기도하곤 했다. 그러나 그는 브라만 계급 사람이 정말로 회개할 수 있을 것이라는 믿음을 갖지 않았다. 그런데 지금으로부터 몇 달 전, 인도와 버마와 스리랑카에서 온 일단의 그리스도인들이(그들은 한때 브라만 계급과 모슬렘이었는데) 그 탑 아래 무릎을 꿇었다. 다른 사람들이 헨리 마틴보다 더 큰 믿음으로 기도한 결과였다.

성령께서 우리를 위해 기도해주실 것이다

누가 기도할 수 있는가? 우리가 기도할 수 있다. 그러면 우리는 실제로 기도하는가? 주님이 오늘 우리의 모습을 보실 때, "지금까지는 너희가 내 이름으로 아무것도 구하지 아니하였으나 구하라 그리하면 받으리니 너희 기쁨이 충만하리라"(요 16:24)라고 처음 말씀하셨을 때보다 더 연민을 느끼며 다정다감한 눈으로 바라보실까? 사랑의 주께서 능력 있는 사역을 위해 기도를 의지하셨다면 하물며 우리는 어떻게 해야 할까? 주님은 때로 "심한 통곡과 눈물로"(히 5:7) 간구하셨다. 우리도 그런가? 기도하며 눈물을 펑펑 쏟아본 것이 언제인가? "우리를 소생케 하소서 우리가 주의 이름을 부르리이다"(시 80:18)라고 지금 울부짖어야 하지 않을까?

지금은 사도 바울이 디모데에게 한 권면을 우리 모두를 향한 권면으로 받아들여야 할 때이다.

> 네 속에 있는 하나님의 은사를 다시 불 일듯 하게 하기 위하여 너로 생각하게 하노니 _딤후 1:6

이것이 가능한 까닭은, 성령께서 우리의 기도를 돕는 큰 조력자가 되어주시기 때문이다. 우리는 우리에게 정말로 필요한 것들을 기도로 아뢸 능력이 없다. 그러나 성령께서 우리를 위해 기도해주실 것이다. 우리는 마땅히 구해야 할 대로 구하지 못한다. 그러나 성령께서 우리를 위해 구해주실 것이다. 우리는 해로운 것을 구할 수도 있다. 그러나 성령께서 제어해주실 것이다. 연약하고 떨리는 인간의 손으로는 엄청나고도 강력한 힘을 작동시킬 수 없다. 내가, 감히 내가 우주를 움직이는 손을 움직일 수 있을까? 그럴 수 없다. 하지만 성령께서 나를 온전히 지배하실 때에는 사정이 달라진다.

그렇다. 기도하려면 하나님의 도움이 필요하다. 그리고 우리는 이미 그것을 갖고 있다. 성삼위(聖三位) 하나님은 우리의 기도를 기뻐하신다. 성령께서는 마땅히 구해야 할 바를 일러주신다. 영원하신 성자께서는 우리를 위해 간구하시고 중보의 기도를 하신다. 성부 하나님께서는 들으시고 응답해주신다.

기도는 우리가 소유한 가장 빼어난 특권이요 가장 막중한 책임이요 하나님께서 우리의 손에 맡기신 가장 큰 능력이다. 참된 기도는 하나님의 모든 피조물이 수행할 수 있는 모든 행위 가운데 가장 고귀하고 장엄한 행위이다.

기도는 사무엘 테일러 콜리지(Samuel Taylor Coleridge, 19세기의 작가)가 선언한 것처럼 인간 본성이 발휘할 수 있는 최고의 에너지다. 온 마음과 힘을 다하여 기도하라! 이것이 바로, 당신이 그리스도인으로서 이 땅에 남길 수 있는 가장 위대한 업적이다.

"주여, 우리에게도 기도를 가르쳐주소서!"

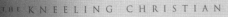
1. 오직 하나님의 자녀만이 하나님께 아바 아버지라 말하며 기도할 수 있다.

> 누구든지 하나님께 기도할 수 있는 것이 아니다. 오직 하나님의 자녀만이 진실로 하나님께 기도할 수 있다. 오직 자녀들만이 아버지가 계신 곳에 들어갈 수 있다. 기도는 "지존자의 은밀한 곳에" 들어가는 것이요 "전능하신 자의 그늘 아래 거하는 것"(시 91:1)이다. 기도는 이렇게 하나님과 나누는 친밀한 교제이다. 하지만 왕과 반역자 사이에는 교제가 있을 수 없다.

2. 누구나 하나님의 자녀가 될 수 있다.

> 그리스도의 양떼 밖에 있는 사람 누구라도, 하나님의 가족이 아닌 사람 누구라도, 선하든지 악하든지 관계없이 지금 이 순간 하나님의 자녀가 될 수 있다. 믿음으로 그리스도를 바라보기만 하면 하나님의 자녀가 될 수 있다. 그리스도께서는 누구든지 참된 회개와 믿음으로 그리스도께 돌아오는 순간, 양자(養子)로 삼으시고 은혜를 베푸시어 하나님의 자녀로 만들어주신다.

3. 성령께서 우리의 연약한 기도를 도와주신다.

> 우리는 우리에게 필요한 것들을 기도로 아뢸 능력이 없다. 그러나 성령께서 우리를 위해 기도해주신다. 우리는 마땅히 구해야 할 대로 구하지 못한다. 그러나 성령께서 우리를 위해 기도해주신다. 우리는 해로운 것을 구할 수도 있다. 그러나 성령께서 제어해주신다. 연약하고 떨리는 나의 손으로는 엄청나고도 강력한 힘을 작동시킬 수 없다. 하지만 성령께서 나를 온전히 지배하실 때는 세상이 감당치 못하는 사람이 된다.

~

성령도 우리 연약함을 도우시나니 우리가 마땅히 빌 바를 알지 못하나
오직 성령이 말할 수 없는 탄식으로 우리를 위하여 친히 간구하시느니라 **롬** 8:26

무릎 꿇는 그리스도인

초판 1쇄 발행	2007년 10월 1일
초판 21쇄 발행	2021년 11월 15일

지은이　　무명의 그리스도인(앨버트 리처드슨)
옮긴이　　배웅준

펴낸이　　여진구
편집　　이영주 정선경 최현수 안수경 김도연 최은정 김아진 정아혜
디자인　　마영애 노지현 조은혜
기획·홍보　　김영하
마케팅　　김상순 강성민 허병용　　　해외저작권　　진효지
　　　　　　　　　　　　　　　　마케팅지원　　최영배 정나영
제작　　조영석 정도봉　　　　　　경영지원　　김혜경 김경희

303비전성경암송학교 유니게과정　　박정숙 최경식
이슬비전도학교 / 303비전성경암송학교 / 303비전꿈나무장학회　　여운학

펴낸곳　　규장

주소　06770 서울시 서초구 매헌로 16길 20(양재2동) 규장선교센터
전화　02)578-0003　팩스　02)578-7332
이메일　kyujang0691@gmail.com　　　홈페이지　www.kyujang.com
페이스북　facebook.com/kyujangbook　　인스타그램　instagram.com/kyujang_com
카카오스토리　story.kakao.com/kyujangbook
등록일　1978.8.14. 제1-22

책값　뒤표지에 있습니다.
ISBN　978-89-6097-035-9　03230

규 | 장 | 수 | 칙

1. 기도로 기획하고 기도로 제작한다.
2. 오직 그리스도의 성품을 사모하는 독자가 원하고 필요로 하는 책만을 출판한다.
3. 한 활자 한 문장에 온 정성을 쏟는다.
4. 성실과 정확을 생명으로 삼고 일한다.
5. 긍정적이며 적극적인 신앙과 신행일치에의 안내자의 사명을 다한다.
6. 충고와 조언을 항상 감사로 경청한다.
7. 지상목표는 문서선교에 있다.

하나님을 사랑하는 자 곧 그 뜻대로 부르심을 입은 자들에게는 모든 것이 合力하여 善을 이루느니라(롬 8:28)

Member of the
Evangelical Christian
Publishers Association

규장은 문서를 통해 복음전파와 신앙교육에 주력하는 국제적 출판사들의 협의체인 복음주의출판협회(E.C.P.A:Evangelical Christian Publishers Association)의 출판정신에 동참하는 회원(Associate Member)입니다.